अंश

सुरेंद्र कुमार श्रीवास्तव

दादाजी - ठाकुर कृष्णा गोपालजी श्रीवास्तव

दादी - श्रीमती प. क. कुवरि

पिता - श्री ठाकुर लालजी प्रसाद श्रीवास्तव

माता - श्रीमती प. ब.देवी कुवरि

अग्रज - श्री विपिन बिहारी , श्री वीरेंद्र कुमार

अनुज - धीरज शेखर एबं राजेश कुमार श्रीवास्तव

तथा

सुपुत्रियाँ - नेहा , अबीर सुपुत्र- सिद्धार्थ

भतीजी - रायका ,भतीजा- रियान

और

भतीजा- धनञ्जय

क्रम-सूची

क्रम-सूची

प्रस्तावना

आदरणीय श्री सुरेंद्र कुमार श्रीवास्तव बहुमुखी प्रतिभा संपन्न साहित्यकार हैं उनकी रचनाओं में मानवीय भावनाओं की झलक साफ दिखाई देती है। उनकी कृतियाँ जन साधारण की परिस्थितियों का मार्मिक चित्रण है । उनकी रचनाओं की भाषा सरल सहज एवं सुबोध है । हर रचना अलग धरातल पर आकार लेती हैं, तथा प्रेम और संवेदना की एक बारीक़ धुन में बंधी ये रचनायें विचार के लिए कितने में ही सिरे खोल जाती हैं। सीधी सरल भाषा में जीवन के गीत गाती, सपनों को आवाज़ देती ये रचनायें मनुष्य की सांसे को सुकून दे जाती हैं।

श्री सुरेंद्र कुमार श्रीवास्तव जी का भावलोक अत्यधिक संपन्न हैं। थोड़े से शब्दों में बहुत से भावों की अभिव्यक्ति कर देना उनकी इस रचना का वैशिष्ट्य है ।

एक सिविल अभियंता की सृजनता एवं कलात्मकता जब आसपास के परिवेश की संवेदनाओं को भाषा का आकार देती है तब यह शब्दों की माला साहित्य के मंदिर में समर्पित होती हैं।

एक कुशल प्रशासनिक अधिकारी, भारतीय रेल के पूर्व मुख्य अभियंता, प्रतिष्ठित अभियात्रिकी प्रोजेक्टों में प्रमुख योगदान रखने वाले सिविल (जनपद) अभियांता श्री श्रीवास्तव जी व्यवहार शिष्ट, शालीन एवं सदाचारपूर्ण है। श्रावण माह में प्रकाशित हो रही यह कृति बारिश के मधुर संगीत, अम्बर में इंद्रधनुष तथा बागों में हरियाली की तरह आपकी भावनाओं को जीवंत कर देगी ।

पीयूष मेहता, एम टेक,स्वर्ण पदक विजेता, मालवीय राष्ट्रीय प्रौद्योगिकी संस्थान, जयपुर
mehtapiyush88@gmail.com

भूमिका

कभी स्वतः और कभी किसीकी वाणी से जो जन्मा, वही लिख गया

पंक्तियाँ कभी दंश देती तोह कभी उदाशीन होती मिलती और कभी कुछ भी कह एक स्पंदन से हैं भर देती कहीं है कोमलता और कहीं हीरे सी कठोरता किसकी राह ऐसे नहीं है संजती हर राह कब नहीं है कुछ कहती

अब जो अपनाये ये इनके भागे भी कोई तो ये तब भी आ चिपके

ये आप पर हे आप इन्हे कैसे हैं लेते

पावती (स्वीकृति)

रंग समायोजन- नेहा श्रीवास्तव, अबीर श्रीवास्तव

तथा

श्री प्रणव देव मणि त्रिपाठी , नगदहा

आमुख

ग्राम है प्रदेश है, देश है और हैं सीमायें, कभी सीमित होती दिखती हैं और कभी अपने को असीमित परिलक्षित कराती मिलती हैं । जीवन कई आयामों से जोड़ती और फैलाती और साथ ही साथ ढेरों पहलुओं को अपने चारो और छिटकती मिलती है और कभी स्वयं से ही जुड़ती है और कभी अपने आस पास को जोड़ने की प्रक्रिया में संलग्न मिलती है ।

इन्ही पलों में कौन कब आ खड़ा हो जाता है, पता ही नहीं चलता । वही पल किसी भी क्षण एक वार्ता मुझसे आरम्भ कर देते हैं ।

कभी वह अपनी संपूर्णता के साथ और कभी अपूर्णता के लिये शब्दो के रूप में अपने को रूपांतरित कर ही हे देता ।

कुछ वही यहाँ, सत्य कहूं तो, स्वतः ही उजागर हो गया है ।

अब इन्हे मिल रहा है आपके सानिंध्य आपके आशीर्वाद और सुभकामनायों के लिये

1. कुछ दिनों की यात्रा

25 अक्टूबर 2021, कर्णावती(अहमदाबाद)

स्वयं से मैं कह रहा ,क्यों करूं मैं गणना?

विस्मृत हो गए हैं जो, उन्हें अपने इस पटल पर क्यों है-लाना?

नगर तो है अपना पूरा का पूरा ,अभी भी स्मृति में.

पता है करना, वे अपने अब कहां है बसते और है किन आकृतियों में?

मेरे वार पर वार रहे हैं दौड़.

हम ही भूले हैं, क्या-क्या गए हैं, यहां वहां वे छोड़?

कोई अपना कभी कहीं है जब सिसकता.

दर्पण होता वहां, कब वह कुछ इसका है कहता?

पड़ गई हैं कहीं स्मृतियों की गठरी.

कैसे वे तब चोट करें गहरी?

आभार कैसे करें प्रकट?

कोई दिखे तो भी वह अवसर ले हम झपट?

स्वर अब कुछ कुछ लगा अलसाया सा.

क्या वह गठरी है कह रही उसने अब मुझे है अपनाया सा?

और वह वर्षा वाली अपनी रात.

आ आ, कितना कर रही मुझ पर आघात?

कुछ नहीं कहा, तब भी वही आंख लड़ गई.

कुछ सांसो में पाया, मैंने जैसे वह वही हो जग गई?

अब भी चाहे कोई कितना करें भी या किया हो छल.

बरस जाते ही हैं बादल यही, करते उस भाव को असफल.

प्रसन्नता की चाहे नहीं बनती थाती.

दंश की हर आभास कभी भी है आती.

यह भी तो अपना कोष.

अपनापन जहां पनपता, वहां कोई प्रश्न नहीं शेष.

किस पल अपनी यह नहीं कथा?

थक गए हैं कान, सुन सुन, मान मान यह वह व्यथा.

कष्ट कहे या प्रसन्नता, इसका भी एक क्रम.

साथ ही पालता आता है यहाँ, कई कई भ्रम?

लग रहा कुछ-कुछ बैठ रहा है धैर्य.

नहीं जानता क्रम का या भ्रम का यह है शौर्य.

संपूर्णता क्या केवल होता है एक भाव?

क्या वह जता पाता है कुछ भी वहां अभाव?

ऐसे ही हमने कुछ पृष्ठ रंग दिए.

पता है क्या, यह नाम किसका किसका मैंने लिख लिए?

वहां कौन है छिपा रहा, स्वयं को जैसे ना हो आया सा.

यह कुछ ऐसा ही, जैसे समुद्र क्या दिखा पाए, कभी किसी
को, वह है कहीं जाए सा?

कहता कहता, मौन हो गया धारण.

जाना तब यही हो रहा अपना रण.

वैसे उसने कुछ वाक्य लिए गढ़.

कह रहे कुछ ही नहीं, ढेर सारा लाएंगे, पढ़ - पढ़.

है कौन नहीं अंधेरा अपने में प्रकाश समेटे?

कहां हमें पता क्या छोड़ें , क्या रखे और क्या रटे?

2. एक मिलन की प्रतीक्षा

26 अक्टूबर 2021, कर्णावती(अहमदाबाद)

वहीं बैठ तेरी करता हूं प्रतीक्षा.
अब तो मुझे पता ही नहीं, जहां मिले थे पहली बार,
वहां कौन सी थी अपनी कक्षा?
वर्षगांठ मनाता तो वह होता वर्ष का एक दिन.
कुछ पल मैं वहां होता ही हूं अब हर दिन.
एक एक भंगिमा, आ आ रहती है तब, कौंधती.
हर बार एक नवीन ही है कुछ कहती.
दौड़, चल मैं हूं पड़ता.
होगा तो वह कहीं ठहरा हुआ, चाहे मुझे नहीं मुझे मिलता?
तब भी मान हूं लेता, वे है वहीं कहीं.
एक ना एक दिन हमारा मिलन होगा ही यही?
विश्राम कभी तो वे भी होंगे करते?
क्या पता वे वही हो और हमें वहां हो देखते .
गुदगुदा यह हमें है जाता.
और तब मैं कितना हूं हंसता?
अब कल की ही लो.
इस पर आप चाहे जो बोलो.
उन पलों को एक बार मैं जी ही हूं तो पाता.
तो दौड़ दौड़ मैं वहीं आता, अपने को हूं पाता.
तब उनके क्या थे अपने लिए अर्थ?
जीवंत करता हूं रहता ले ले कई अर्थ, जाने नहीं देता कुछ
भी व्यर्थ.

साथ का चाहे वहां कोई अब नहीं दिखता?

और कोई कहां मुझ में है बसा, कोई वहां का , मुझे कहां है पहचानता?

पुकार के वे नाम वहां कभी कभी लेता हूं बुदबूदा.

वे कभी तब मुझे देते हैं गुदगुदा.

कभी-कभी तभी, मिलता हूं वही ठिठकता .

कुछ हूं भी परखता.

मैं नहीं कुछ कह, दूर हो जाता.

यही तो है अपना पता यह कभी भूल नहीं पाता .

यदि कोई आकर रोके मेरी राह.

नहीं पता क्या करूं मैं, बस मिलूं या उठे वहां कराह.

यदि कोई मुझे पा रहा है पहचान.

फैला है एक सत्य मेरा, चाहता वे दे उसे सम्मान.

कोई धागा क्या पता उनका उससे आ, जाए मुझसे जुड़.

मेरी स्मृति में यह मैं" खोल यह पृष्ठ, अब चाहे जाए वे धीरे धीरे मुड़.

मैं स्वयं को ही तो रहा हूं ढूंढ, अब कोई भी ले मुझे पढ़

खोया हूं मैं, या पा लू यही तो चाहता साथ तुम्हारा और लु

कुछ प्रस्तर पर नहीं, अपने भीतर गढ़.

विश्वास से भरा तभी कितना, भ्रम रहता है डरा, पल-पल यह हूँ मैं जीता.

कलश यह भरा अमृत ही है, रहता हूँ में पीता.

अपने साथ हर पल रहता है अगला पल.

और हर यह पल करता रहता है मेरे लिए ही कल कल.

3. उनसे वार्ता

7अप्रैल 2022, कर्णावती(अहमदाबाद)

क्या कहूं, जब रात्रि होने को है आई.

उन्हें दिन की है पहचान करने का मन, यही बताई?

स्वप्न में थे क्या वे अब तक, जानना चाहता था उनसे यह पूछ कर?

क्या वे समझ रहे, कैसे जानेंगे, कुछ ऐसा वे कह कर?

क्या जानते नहीं प्रकाश और अंधकार का अंतर?

उनकी कथाएं क्या अब तक चल नहीं रही थी, डूबी इसी के समानांतर?

जिसने हमें बनाया, उन्हें हमने कितने नाम हैं दिए?

कभी पूछा उनसे, उन्होंने क्या है इसमें से लिए?

क्या कुछ पड़ता है उन्हें अंतर?

हम में से कुछ ने कहा, और शेष रहे मौन, क्या किसी से डर कर?

कभी किसी ने कहा वे करेंगे क्या अब?

कल वाले ने जब किया नहीं, आज वाला भी टालेगा ही अब.

गुनगुना है रहे, यह कितना सुंदर.

क्या होता, जब वे बैठे होते कुंठित, भजते अनगढ़ ,वे केवल एक तो प्रस्तर.

पूछा कब, कुछ किसी से, किसी ने?

क्या तोड़ा यह, आगे बढ़कर हमने?

दोष नहीं लिया.

क्या यही किसी और को भी नहीं दिया?

बस ठहराव, यही गया दे.
किसी को क्या कभी उपजा, क्यों नहीं वह वहीँ कह दे?
क्या कभी मैंने अपने दिल की कही?
वैसे कब नहीं उत्सुकता मेरी, औरों की सुनने की नहीं है
रही?
ढोल अवश्य रहा हूं पीटता.
कभी-कभी, क्या नहीं मैं औरों का सत्य भी रहा हूं सुनता?
नामों में है क्या रखा, कह कर बार-बार ही है झाड़ा?
लेकिन, उसी समय अपने पर भी, मैं कितना हूं लड़ा?
ऐसे में कौन सा सत्य, रहा अपना?
पूछा क्यों नहीं कभी स्वयं से, क्यों नहीं हुआ मुझसे यह
करना?
सदा क्यों एक बस भीड़ ही चाही?
जो सुने, करे दर्शन, मुझ में इसकी क्या अहंकार नहीं है रही
?

कुछ कर वार्ता, सदा ही हमने बीच में छोड़ी.
अस्पष्ट, बिना तारतम्य के, लोगों को हमने उस ओर मोड़ी.
मुझे देख उन्होंने वह अपनाया.
नहीं कुछ और कभी पूछना, सदा ही मैंने उन्हें बताया.
लाभ देख, वे रहे सदा से ही स्वयं को रहे हैं फंसाते.
इस विन वंचित हो जाएंगे, रहे हैं स्वयं को समझाते
वे जी रहे हैं इसी प्रकार, शताब्दियों से सो.
कहां वे सोच सकते, औरो को ला ला इसमें, बताते यही
सत्य, पहले तो रोना था अब तुम इसे पा हंसो?
कितनी सरलता है, यही कह तो दे रहे धोखा.
ढूंढ देते उत्तर, जो मैंने नहीं, अपने कहने वालों ने अपने
लाभ के लिए है लिखा.

4. मेरा मौन व्रत

8 अप्रैल 2022 , कर्णावती (अहमदाबाद)

जब से उठा ली है सौगंध, सत्य ही बोलूंगा ,तब से केवल मौन ही धारण कर है रखी.

जितना चहकना था, इस सौगंध के पहले स्वयं को चहक चहक है देखी?

तब मैं था कितना सर्वज्ञ?

अब हूं जानता, ना मैं हूं अनभिज्ञ?

तब मेरे पास उदाहरण पर उदाहरण थे होते?

कितना धारा प्रवाह हम थे बोलते?

अब, शंका का एक भी निवारण, हम नहीं कर पाते .

कितने तब आ आ आसन है जमा लेते?

लोगों का रखने मन, संकेतों को अपना हूं लेता.

तब भी मैं कहां जानता, क्या हूं कहता होता?

बोलूं कभी तो क्या मेरी सत्यता नहीं जाएगी खुल?

उनको होगा कष्ट अवश्य, फिर भी मैं इस राह पर जाता हूं झूल?

औरों की मैं रहता हूँ, सदा सुनता.

ऊपर चाहे दिखती मेरी प्रसन्नता, भीतर मैं रोता रहता.

धीरे धीरे आवश्यक शब्दों को भी रहा हूं भूल.

पुस्तकों में है कितने शब्द, उनका अर्थ क्या, मैं जाता डोल ?

भावार्थ पर अपने मैं हूं जीवित..

वैसे. मैं हूं ही मृत.

जब भी होता कभी अकेला, चाहता मैं चिल्लाऊं?

औरों का नहीं, अपना ही नाम ले ले मैं स्वयं को बुलाऊं.

मुझे जो हो रहा उसे प्रकट करने के लिए, मेरे पास है अब नहीं शब्द.

मेरी इच्छा है, कोई कुछ कहे तो संकेतों मे लु वही वद.

इसका कोई भी अर्थ ले कोई भी घुम जाए.

मैं प्रसन्ना होता हूं, कुछ तो वे मुझे इस तरह अपना पाए.

शिशु मैं होता जा रहा.

लेकिन मां सा कहां मैं किसी को यहां पा रहा?

अपनी कुछ उतनी ही है आवश्यकता.

तब भी कहता था, किसे पुरा था समझ में आता?

कुछ कुछ अपने सा लोगों ने समझा

वैसे हर कोई, कुछ ना कुछ, देख था रिझा.

जब तब होता था दर्द, इन सा कब रहा था कह पा?

अभी भी यही है, हूं स्वयं से तो छिपा.

मेरे पास ना कल है ,ना आज, और ना ही है,, आगामी कल का कोई पल.

एक जैसा ही है मेरा, कौन सा नहीं पल?

हारा क्या, नहीं जब कहा था रहूंगा मौन?

अब भी, पता नहीं, जीत रहा है कौन?.

वाणी है, क्यों नहीं कर रहा सदुपयोग?

समझाता स्वयं को क्यों नहीं धीरे-धीरे करता लिखने का ही उद्योग?

कह पाऊं सत्य और करूं स्वीकार.

अब तक इससे, क्या स्वयं को नहीं करूंगा अस्वीकार?

5. अपनी पहचान

9 अप्रैल 2022 कर्णावती. (अहमदाबाद)

जब भी की कोई प्रार्थना

दिखा तब तब तारों का टूटना.

प्रकृति ने यही तो कहा, उसे इसे कैसे भी पूरा होगा ही
करना?

हुआ मेरा सदा ही, तब तब आनंद में डूबना?

राहे तब मेरी हुई आलोकित.

फल भी रहा आशातीत.

नभ को कब करता नहीं हूं प्रणाम?

धरा के लिए भी यही, नभ सा यह भी अपना धाम.

और पंच तत्वों का, मेरे लिए अपना यही सत्य.

इन्हें भी करता रहता हूं प्रणाम, इन्होंने भी किया नहीं मेरी
वाणी को कभी असत्य.

उतर आया मैं अपनी मूर्तियों पर.

इन्होंने भी अपनाया ऐसे ही, मुझे स्वीकार कर

किसी ने भी कभी अर्हता नहीं बताई?

संपूर्ण मिलन की बात मुझ में ही थी सदा से समाई?

मिल इनसे क्या मैं इनसा ही हो गया?

इन्होंने भी यह कभी नहीं हमें बताया?

गुण या कर्तव्य भाव इन सा है या है मिश्रित?

ना ही शंका ही रही तथाकथित?

अपनाया हर क्षण अपना सा.

नहीं सुनाया अंश भर भी नहीं मुझ में कुछ उन सा?

मैं तो था भिन्न, लेकिन प्रकट नहीं किया.
तो क्या उनके मन में थी इससे परिवर्तन की भावना जगी,
तभी उन्होंने यह प्रश्न अपने लिये छोड़ दिया?
कितना कुछ प्रतियोगिता सा है रहता?
उनमें से कोई यह कभी नहीं है कहता?
आदर की मेरी भावना, और कहीं शरण भी तो नहीं लेने
देती?
कुछ और सा रहुँ तब भी मुझसे उदासीन भी हो नहीं रहती
इनसे तो हूं मैं बना, रहता क्या वैसे यदि कहीं जाता?
क्या जा भी पाता?
युद्ध नहीं यह कि थम जाए, यदि कोई संधि दे कह.
कोई खोकली दिवार भी नहीं कि किसीसे हिले और वह जाये
ढह
कहां यहां है कोई भी हार या जीत?
यहां तो केवल है फैला ,संपूर्णता का ही संगीत.
इन्होंने मुझे कितना है अपनाया?
टूटता ही यदि किसी ने मुझे अपने से दूर होता भगाया?
राह की मुझे कितनी है पहचान?
होती सपाट या ऊंची नीची या तिर्यक इसका भी मैं कितना
रख पाता ध्यान?
जब चलना ही है अपना धर्म.
राह रहती ही प्रस्तुत, यही तो उसका कर्म.
रहे हम कब नहीं तत्पर?
करें सम्मान प्रेम से , नहीं, डर कर.
लक्ष्य दौड़ता हुआ तभी आ जाएगा
कठिन कहां, कितना सरल, वह झट अपनाएगा?
ना ही वह कुछ सुनाएगा, ना ही मौन रह पाएगा?

एक प्रकार से नहीं, कई कई प्रकारों से समझाएगा.
मैं कर कर प्रणाम, रहा उनसे मिल.
कहते वे तुम भी हो पूर्ण मुझसे, रहे फिर क्यों नहीं खेल?

6. मिलन

10 अप्रैल 2022, सालंगपुर (कष्टभंजन हनुमान जी मंदिर).

ना नाम लिखा ना ही कभी गुणगान किया.

ना ही कभी आने का ऐसे ध्यान किया.

तब भी आपने मुझे ऐसे अपना माना.

मैं कब चाहता था, देखा मैंने, कैसे हुआ आपका बुलाना?

मैं ही क्यों, साथ मेरे कितनों का हुआ दौड़ा-दौड़ा आना?

हमारी तो केवल अपहचान ही थी, उस भीड़ में भी, हमारी

आपसे है पहचान , आपका हुआ बताना

आपने कितनी सरलता से आपका, यह हुआ दिखाना.

उतनी ही सहजता से हुआ यह हमारे समझ आना

झुके नहीं हम ,तब भी अपने गले लगाया.

पास बैठे, कितने हम आपके यह आपने दिखाया?

अब हमें रहती है केवल प्रतीक्षा.

आपकी दृष्टि पड़ती रहे, मिलती रहे हमें आपकी शिक्षा.

ऐसे ही बना रखें सदा आप, हमें अपना.

मैं हर पल देख रहा, आपसे बार-बार मिलने का सपना.

अद्वैत आपका.

द्वैत हमारा, लगता यही अभी भी सब का.

हर पल उत्सुकता रहती जागी.

भिन्नता की छाया जो कभी रही थी, वह है हमारे मध्य से भागी

आपका मौन.

समझे कहां, कहां देते सम्मान,

तभी तो हम करते रहते क्यों और कौन?

आप अपनाही हैं रखें जब की क्या यह नहीं है आपका अपमान ?

मैंने कब नहीं प्रश्नों से घेरा?

आपने कितना उत्तरों को दे दे, हमारा भार उतारा?

सर्वस्व आपने दिया, और रहे सतत दे.

हमारे पास कितना अज्ञान , रुके कहां, सदा ही कुछ न कुछ कह दे.

सत्य कहूं, अभी तक हम हैं ,आपके केवल अपने बाहर से.

होने की यह प्रक्रिया, पता नहीं हुई है आरंभ, कब हम- होंगे एक से.

यही हमारे प्रगति की राह, पर क्या हम दे पा रहे सम्मान.

पता हमें कहां, यह हमारा कितना है अज्ञान?

मैं अब तक उलझा प्रश्नों में.

ऐसे ही ,मैं सुन, रह रहा ले, कितनों के सपनों मैं?

अपनी क्यों रहरहि इसी राह की चाहत?

आपको छोड़ छोड़, मैं स्वयं को ही तो कर रहा हूं आहत?

आपने कब दिया नहीं विश्व?

हम फंसे रहे लिए अपना स्व.

अब धीरे-धीरे फैला रहा आपसे आता प्रकाश

नहीं आभास, सत्य यह मुठी भर तोह ले हम आकाश,

मौन अपना करता जा रहा है घर.

आपका सर्वस्व अब लहरों की सी चंचलता, लिये हम में बिखर बिखर हमें रही है भर.

आपने कब दिया नहीं , अवसर पर अवसर?

हमारे पास इन्हें पाने का ही था तब कहां उठा कभी स्वर?

एक दिन लिया भी पूछ.
मुस्कुराइए आप और कहा भी कुछ.
जब यह समझा, तब से वही हूं खड़ा.
मूर्ति सा गया हूं जड़ा.
अब है प्रतीक्षा, आपका स्पर्श सदा देता रहे हमें गति?
जैसी आप चाहते वैसी हो हमारी मति.
अब हो रहा वहीं, जो हम हैं चाहते.
कर रहे हैं आप, कभी आप इस विषय में कुछ भी तो नहीं
कहते.

7. मैं हूँ अब भी प्रतीक्षा में

11 अप्रैल 2022, कर्णावती (अहमदाबाद)

जब से की है आरंभ लिखनी, मन की सत्यता.

जो मैं अब तक था अपने को मानता, वह तो मैं हूं ही नहीं,

इसका चला मुझे अब पता.

अब तक जो भी ली है सांसे मैंने, उनमें मैं कम था और,

और थे अधिक.

कितने वे थे किस किस राह के पथिक .

गठरी मेरी इतनी भारी क्यों चला पता,

तभी तो शीघ्र ही मैं जाता हूं थक कितना चलता?

जिन्हें मैंने मानी थी , वे है मेरे मित्र, उन्होंने तो मित्रता की

परिभाषा ही बदल दी.

समझा जब मैं डरा चाहें कितना, शक्ति इकट्ठा कर, यह

सत्य मैंने उनके सामने उगल दी.

दर्पण मेरा रहा टूटता, कौन अपना?

जाना अब, वह केवल था अपना सपना.

क्या नहीं कभी मैं अकेला पड़ा?

जैसा भी था, अब तक तो उनके साथ ही रहा था खड़ा.

सत्य या असत्य ,मैं स्वयं से अब कर रहा बातें.

कुछ घटनाएं हैं अब भी रह गई है आते आते.

क्या गया हूं कुछ भूल?

अपने पर ही बरसा लेता पंखुड़ियां, यदि मिल जाता एक भी

फूल.

लोगों के गले में जब जब देखा पड़ा हार.

तब तब अपने लिए चाही एक, क्या इसे माने अपनी हार?

एक अच्छी सी पुस्तक दिखी.

उल्टे जब उसके पृष्ठ पृष्ठ, अंकित नहीं एक भी अक्षर,

उसने अपने को थी ऐसी रखी.

अपने पर ना करता मिला भरोसा,

कुछ खांसा

कितना कुछ वहां हो गया था अंकित, अब जब फिर पृष्ठों को पलटा.

मेरे स्पर्श से कितना कुछ उसने था रटा?

सौंदर्य ही सौंदर्य मेरे पास रहा है बिखरा.

पता नहीं क्यों, कभी वह नहीं मेरे भीतर उतरा?

अब जब देखा, कितना आश्चर्यचकित हुआ?

जैसे पहली बार मेरे नेत्रों को प्रकाश ने हो छुआ

कितना सुंदर तितलियों का रंग रूप ,

पेड़ पौधे और कैसा कैसा स्वरूप?

जगह जगह कितना आकर्षित हो रहा था वहां धूप?

क्या मैं अब तक पड़ा ही नहीं रह गया था किसी कूप

स्वयं को क्या कभी दर्पण में पाया?

पता ही नहीं चला ,अब कब यह प्रश्न मेरे भीतर उग आया?

मेरे भीतर क्या यह कभी था जागा?

क्या मैं पहले हर बार द्वार खोलकर था भागा?

कल की शाम ,लोगों ने कितनी फैलाई थी प्रसन्नता?

मैं वहीं था और रहा था हंसता,

क्या कुछ उसका बसा, मुझे है पता?

नहीं पा रहा बता

यदि हां था, अब वह कहां था?

ढूंढा कितना मिला नहीं कुछ, ना ही लोगों ने बताया, वह

यहां था?

यह प्रश्न केवल मेरी से ही नहीं , है औरों से भी .

सतत प्रतीक्षा में हूं, क्या पता ,उसका पता किसे भी कभी
मिले कभी?

मेरी उत्कंठा रही है बढ़.

पाने उसे, कोई बता दे, तो मैं खड़ी चढ़ाई कैसी भी लूं चढ़.

बस, प्रशंसा करनी तो मैंने नहीं है सीखी.

फिर भी अपेक्षा है, उत्तरों को कभी मेरी पता हो दिखी.

8. एक अबोध यात्रा

12 अप्रैल 2022, चेन्नई निर्माण विभाग का अधिकारी
विश्राम गृह.

कल तक तो स्मृति में उनकी कौन सी बात न थी?

आज अब पता ही नहीं, जब हुए थे एक दूसरे से विदा, तब
क्या बात इनके रहने की थी?

उन्होंने मेरे कितने नाम लिए, फिर पूछा, तुम्हारा कौन सा?

मैं बोला अवश्य, लेकिन उनके लिए रहा मैं, मौन सा.

तब उन्होंने कितनी थे जोड़ें संबंध?.

मैं हीं निकला कुछ ऐसा, दे न सका एक को भी बंध?

यह भी कह न सका, कोई एक ही आप मान लो?

उल्टा ही पड़ जाता यदि में कहता, जो चाहे आप स्वयं ही
जान लो?

सारे ही हैं तुम्हारे, कह मैं पड़ा चल.

स्मृति में इन्हें क्यों रखें, मचता रहे वहां हलचल.

मैंने तो दिया सम्मान ही कह , जो चाहे लो चुन ?

मैं होता रहूंगा प्रसन्न, बस आप मैं बजती रहनी चाहिए ऐसी
ही कोई धुन??

मिलन तो होता रहेगा ही ऐसे.

जुड़ते हैं पल भी क्या नहीं वैसे?

यह वह जीवन मैं नहीं जी पाऊंगा?

मुखौटा ही तो है यह, कुछ पल, क्या नहीं ओढ़ पाऊंगा,
इतना तो अवश्य भार इसका उठाऊंगा?

कितना रहता सरल, यदि इसे स्वीकार करता.

बढ़ा कितना बोझ , जोड़ "अ" यदि प्राप्त करता.

निकल रहा हूं एक गली से.

मांग मेरी, बसे आ यहां, मैदान से.

अभी मैं हूं क्या?

जब नाम रखे जा रहे थे, तब क्या हम थे जी पा उनकी
दया, वहां तो केवल रही फैली उनकी ही माया ?

पल पल वह हो रही थी सवाया.

वे क्या नहीं दे रहे थे पलों को सहारा?

वे चाहे ना जाने, अपने को तो कर रहे थे ही बेसहारा.

अस्वीकार भी तो है एक स्वीकार.

मिलता तो है संसार को ऐसे अधिकार.

मैं कह ना सका, मुझे अपनी स्मृति में ना रखना?

ना ही यह अगर कुछ अंश रह जाए. तो शीघ्र ही विदा
करना.

मुझे जब भी आप लेते हो पुकार.

बंधन का खुलता ही है एक द्वार.

ना वे मुझसे, ना मैं उनसा.

लेकिन वे अब तक संबंध रहे हैं जोड़ते चाहें, मैं उस में नहीं
फंसा?

वहां युद्ध के पहले सा, बस आवेश है रहता.

जो मुझ पर नहीं, वह उनका, उन पर ही है गिरता.

वे ले ले मेरा नाम, होते रहें आनंदित.

मैंने अपनी कानों को कर लिया है बंद, तभी कहाँ होता
व्यथित?

उनका मैं हूं लक्ष्य .

जानता इतना नहीं अबोध, अब तक ऐसा ही साक्ष्य.

कभी भी, मैं उनके लिए रहता हूं मुस्कुराता.

फिर किसके लिए यह नहीं हूं अपनाता?

9. सम्बोधन

12 नवंबर 2021, कर्णावती(आहृमदाबाद)

चाह कर भी कभी मिल ना पाया स्वयं से अकेला.

जब भी चाहा, वहां मिला लगा केवल मेला.

कितने थे लोग ,तारों की गणना जैसे

यह लोगों का है कहना, हम अकेले हैं रहते कैसे.

मंदिर में स्थापित हैं मूर्तियां अनेक.

मंदिर सा ही तो हूं मैं, मूर्ति गणना में चाहे एक.

मौन कभी वहां कहां रहता है व्याप्त?

हर पल ,कोई ना कोई ,अपने को कराता है संतप्त?

किनारा क्या कभी मिलेगा?

चक्रव्यूह पर चक्रव्यूह यहां, वह कहां टूटेगा?

अट्टालिका सा है मेरा निवास.

जिस कोने में अपने को रखता, उसे छोड़ सारा मिलता मुझे उदास.

क्या वह घर मेरा?

अपना सा मान ,क्या कभी डाला है अपना डेरा?

बाहर से दिखता पूर्ण ही अपना.

भीतर से पाता ,उसे केवल एक सपना.

कितना क्षेत्र आपका?

थोड़ी सी ही है जो मैंने है लपका.

पल्ले जब हो जाते हैं बंद.

लगता है हम कितने भीतर, फिर भी मचा रहता है एक द्वंद?

और तब मैं उसे कल पर रहता हूं टालता .

कुछ और नहीं, बस मैं ही हूं टलता.

जगे तो स्नान ध्यान.

एक भीड़ वहां, कितनी मिलती देती मान -सम्मान?

उगते सूर्य को अर्घ्य देता, कितनी कामनाएं हैं रहती, कुछ ही उच्चरित हो पाती?

धारा के साथ मित्रता कुछ भी मेरी ऐसी ही है रहती.

और फिर यवनिका उठती, और गिरती है मिलती.

अंको में कथा, इस तरह रहती है फैलती

अपनी तो कितनी ही खो गई है पहचान?

तभी दूसरों को कहां दे पाता हूं संपूर्ण सम्मान?

तब से आधा अधूरापन ही रह रहा है साथ.

फिर क्षितिज के पास, कौन पकड़ रह सके हाथ.

कर कितनी भी तैयारियां, मैं हूं मिलता.

कितने उत्तरों को ले तब मैं हूं झूलता.

ना चलता सीधा, ना वह होता नृत्य.

अब कोई ढूंढे तो ढूंढे ,उसमें क्या है अपना कथ्य?

और , यदि उगे अंतिम सत्य की इच्छा.

हां हां कर अपूर्णता नहीं प्रकट कर, कहते रहते हैं सब है अच्छा ही अच्छा.

चक्रवात के बाद जैसी रहती है शांति.

यहां पा उन्हें, फैलती रहती है कुछ, कह नहीं सकता कितनी भ्रांति ?

चल रहा है , कैसे यह लुकाछिपी का खेल?

नहीं जानता क्या टूटा या जुड़ा, जानता लेकिन यह, नहीं हुआ है किसी से भी पूर्ण मेल.

क्या है टूटा?

सुरेंद्र कुमार श्रीवास्तव

क्या किसी पल ने यह हे रटा?

• 23 •

10. मेरे भीतर का कल कल

13 नवंबर 2021 . कर्णावती (अहमदाबाद)

कल भी वहीं था और आज भी.

क्या चला ही नहीं कभी?

है फैल रही बाहर भीतर एक शीतलता.

क्या उष्मा को इसका चला नहीं पता?

पता ही नहीं, कौन क्या रहा है ढूंढ?

हां ना में झूलता, जाता हूं मैं चिढ़.

संकेत कुछ और भी थे?

फिर भी क्यों हम इनके साथ अभी भी थे?

और अपने नगर का वह चौराहा.

लगा वहां कुछ ऐसा, मैंने उसे अपना कहा.

कई कथाएं आ ,मुझसे यहां मिली.

कितनी दूरियां झट तब फिसली?

सीमाएं झट टूटी.

थी कब अपने साथ जंजीरे ,हो तो भी ,पता नहीं कहां थी छुटी?

कल की प्रताड़ना अब हारी.

यह भी लगी थी , कुछ , आते-आते भी डरी.

कभी कल पर कितना था छूटा?

अब पर यही क्यों, कब नहीं रटा?

भाग रहा था वहां से जहां था रहना.

मौन क्यों रहे वहां, वहां कुछ तो था कहना.

ज्ञान प्रकाश अवश्य फैला

स्मृति में है, कितना मेरा जला?

क्या यह है एक कला?

पहली बार लगा कोई नया मुझे आ है मिला.

रहा विचार ,वार्ता करूं तो कैसे?

उस सीमा तो तक. आया कई कई बार मैं वैसे?

चल रहा था, क्या अब?

पता भी है क्या, क्या कर रहा था तब?

भूतकाल का वह सत्य.

है ना ,यह एक तथ्य.

कुछ स्वप्न भी तो है रहते.

क्या वे कभी आ नहीं मिलते?

रूप ले, आ ,जाते हैं बैठ

कभी-कभी कर स्पर्श , कहते तू ऐसे ना रूठ.

ध्वनियां कुछ अनोखी सी है तब मिलती उठती.

देखी नहीं ना ,कितनी राहे तब हैं आ जुड़ती ?

ठहराव भी है एक गति ,आधार तो है न गतिशील.

एक परम सत्य, करता स्वीकार. मैं आया मिल.

कणिकाओं का स्पंदन, जीवन देती मिली.

वह पुष्प, अंकुरित होता बीज, बढ़ता पौधा और अपना बसंत,

क्या कहता नहीं, यहीं कहीं मिलेगी कली खिली-खिली?

11. चौराहे पर आज

10 नवंबर 2021 कर्णावती (अहमदाबाद)

कहीं वह पड़ा रहता है बेसहारा।

प्रार्थना भी करें, कहां वह जाता है स्वीकारा ,

दौड़ती भीड़ को वह रोक नहीं पाता।

फिर भी, किसी भी, चौराहे पर, वह हाथ जोड़ता है मिलता।

कुछ की भूख, और औरो का वह धंधा।

देखते ही कौन नहीं तब बनता है अंधा?

गाड़ियों के शीशे नीचे नहीं उतरते।

विषाक्त वायु ,वे किसी पल भी नहीं पीते।

अपना-अपना दोनों का व्यापार।

अभी तक तो मिलता है कुछ ऐसा ही व्यवहार।

चाहत है, प्रकाश भी है, पढ़ ले एक पूरी पुस्तक।

ना फटे पृष्ठ, ना पड़े व्यवधान ना इसके लिये तैयार और

कुछ है ही नहीं, वे अपने को देते हैं तभी तो रोक।

एक रात्रि की नहीं यह प्रार्थना।

होती है पूरी, सदियों से रहती है जब यही याचना।

यही जीवन वे रहे जी

मांगी भी यही है और यही है सजी

जहां है ज्ञान, वहां जा नहीं पाता।

छोड़ देता है कहता, वह राह नहीं समझता।

कहावते होने लगी है गुम।

"अब चौराहे पर लगती नहीं है उसकी धूम।

पूछे कौन रात्रि में कितनी आंखें हैं जगी?

पता भी नहीं कितनों की इसमें है होड़ लगी?

कुछ काम तो, वे कह नहीं पाते.

और हम भी, उन तक आते-आते. रुक कहीं और है जाते?

रुका हुआ है जीवन चौराहे का , और नहीं सुनाता कोई- अब जली कटी?

औरों से भी और मित्रों के साथ कभी यह था, हमने यही है रटी,

यदि कोई निकाल लाए कोई गाथा.

कहां सुनता है कोई, जो ठनके किसी का माथा.

अब कितनी राहे , चौराहे तक आ ही नहीं पाती.

राह में भी, वे कुछ कहा है कहती?

योजनाएं भरी है रहती.

और स्वासे डरी डरी है मिलती.

देखा है उन्हें, पलों को फैलाते.

कभी कभी सुना भी है ,कुछ को स्वयं को समझाते.

प्रकाश भी है तो, वे कर लेते हैं पैदा अंधकार.

मान लिया यही है उनका अधिकार

फैलते ही ,जग ला दे देता है ,अविश्वास का सहारा.

सब कुछ तभी तो मिलता है बिखरा बिखरा

भीड़ फिर निकल है , कहां कुछ है पढ़ाती?

ध्वनिया अभी भी है वहां निकलती, कहां कोई समझता वे क्या है बताती?

कभी-कभी रहती है वहां एक गुनगुनाहट.

स्वयं से तब कहां समझते कौन रहा है कट, कुछ की रहती एक ही रट?

मुझ में कभी-कभी उपजता है ,मैं कुछ भिन्न चलूं.

अकेली भी तो कहीं कली खिलती है, क्या कुछ वैसे ही मैं

12. मेरा जीवन

11 नवंबर 2021 कर्णावती (अहमदाबाद)

ना कभी नींद टूटी मेरी ,ना ही सपने.

मेरे पास कब नहीं थे अपने?

वाणी उनकी कथा रहती थी सुनाती.

यही , हर पल मुझे आगे रहती थी भागाती

तभी ठहराव कभी मेरे भाग ना आया.

मैंने स्वयं को सदा अपने पास ही पाया.

औरों की कुछ पूरी करते-करते, हम कितने अपने रहे?

सपने मेरे कब, और फिर हम क्या कहे?

अधूरा कभी रहा नहीं था कुछ.

मैं तो रहा था, फिर किससे ले क्या पूछ?

जीवन कब नहीं रहता है सत्य?

हर पल उसका , यही शक्ति और तथ्य.

जो भी टूटा , वह था अपना.

जो भी कहीं छूटा, क्या वह नहीं था किसी और का सपना?

क्या हुआ यदि उसे मैंने ऐसे नहीं परखा?

अब ,यदि मैं रहा कह, डाला नहीं चाहे, लेकिन पत्र तो-
लिखा.

पता भी तो था अपना.

फिर कैसे कभी किसी को मुझे था ठगना?

अपने जो संजोए थे , वे हैं अब भी.

टूटने नहीं देते पूर्ण, पल मिलते ही, झट पूर्ण होंगे तभी.

बस इन्हें निद्रा से ना जोड़ें,

. यदि रहे हैं ढो , तो किसी को मध्य मे ना छोड़े.

जीवन से दूर ना हो कभी.

कल्पना भी तो एक सत्य, तभी.

मुस्कुराहट की जब मिलती रहे आहट.

यही जीवन को ऊर्जा से भर उद्वेलित करती है झट.

अब कुछ अपने भी होते गए हैं जीवंत.

तभी तो कल की उर्जा अपना नहीं कर पाई है अंत.

और वे जो कभी राह में दिखे.

अभिवादन सा उनका, है अभी भी शेष आशा, हम यह तो सीखें.

कुछ सपने हमने भी है गढ़ें.

कुछ उसने भी है आ पढ़े.

प्रार्थना है, यही रहे हमारे साथ.

जब भी हो उदास, आ ठहराव सा, बढ़ें उनके हाथ.

इनकी उनकी , आ आ उर्जा, कब नहीं रही हमें भरती?

और यही जुड़ जुड़, हर पल प्रस्तुत करते रहे आशा, और वह रही है सदा से कहती.

ना यह राह थी शापित, ना कभी कोई उस राह हुआ-व्यथित.

यह तो सदा से रहा है भरता, बढ़ चल, और फिर कौन ना हो समर्पित?

कल का हर पल, ममता भरा अपना

अनबरताता का साथ है एक ना एक सपना

है ऊर्जा ही ऊर्जा और ज्योतिपुंज.

फिर मित्रवत, विजय दिलाता, मिला नहीं कौन सा कुंज?

13. ढूंढता मैं

मेरी उत्कंठा सदा ही रहती है जीवंत, कल क्या होगा?

पूछ तो किसी से भी लूं, विश्वास है रहता, यह तो केवल दर्पण ही कहेगा?

फिर मेरे द्वारा, धीरे धीरे यवनिका जाती है उठाई?

दिखती है वहां फिर, मिलती-जुलती मुझसे एक आकृति उभर है आई.

मैं तब भी, अपने को रहता हूं ढूंढता?

कुछ ना कुछ , सदा बोलने की मेरी है आदत, यदि और कुछ नहीं शेष, तो कुछ ना कुछ पढ़ने हूं लगता.

उस संशय पर, फिर कौन टले?

नहीं कोई आयुध, तो शब्द ही भले?

पता नहीं, कल कुछ क्या कह पाएगा?

शेष यह क्या देगा विराम, या कुछ अधिक ही , बिखरा बिखरा आएगा?

यदि कल पर है सब कुछ शांत शांत.

फिर, आज के हर बिंदु पर किसने टांग दिया है भंवर ही-भंवर, मदांध अशांत.

हां, जो भूत में था, उसका क्या इस पर था कुछ कहना?

पूछ पूछ , क्या भविष्य में पडता ही रहेगा उलझना?

हमारे लिए क्या समुद्र ने चल दी है कोई अभी चाल?

कभी लगता क्या उसके पर है औरों की ढाल.

किरणें कभी कैसी हैं होती?

हम भी कुछ अभी वैसे ,क्या कही है जा सकती?

क्या हो रहे, या है हो गए मुक्त.

बोझ का क्या हो रहा, क्यों ढो रहे, अमृत हलाहल संयुक्त?

कल का कुछ हो जाए अलोप, मैं कभी कभी रहता हूं-

भीड़ में भी और अकेला.

करना ही है पहली बार भी तो, कौन सा द्वार नहीं है खुला?

विश्व में एक ही शक्ति.

सबका स्रोत वही, मूल वही-

फिर एक क्यों लोगों की भिन्न-भिन्न रहती है उक्ति?

कह हम जीते, नहीं कोई यहां है पूर्ण?

इस धारा में, करते प्रणाम क्यों नहीं अपने को करते- अर्पण?

कहते कल का किसको पता?

फिर भी, वही दर्द क्यों रहा है सता?

कल को लेकर जब चल रही है गोष्ठी, तब कहां है समर्पण?

पता है क्या, किसका हुआ है अर्पण?

कल का जो भी रूप?

आज लेकर क्यों बना रहे अपने को कुरूप?

कुछ ढाल कल भी थे समीप.

कुछ आज भी दिये गए हैं रोप.

हम क्यों सदा युद्ध ही रहे जीते?

दूसरों का दिया क्यों हम रहे पीते?

क्यों हम अपना पराया को रहे उठाएं?

कभी तो ऐसा हो हम स्वयं को स्वयं का बनाएं.

कभी-कभी कुछ प्रश्न भी हटाए?

यह भी , कभी-कभी लगता है कुछ उत्तरों को भी मिटाएं

14. युद्ध अपना

14अप्रैल 2022, नाथ द्वारा.

स्वप्न में मेरे यह कौन आ गया ?

जैसे वही हो जागा केवल, करना क्या है बस सिखा गया.

तब मैं कितना रोया, और वही कर रहा?

लेकिन कुछ कहाँ कहा?

अब तक यह सत्य मुझ मैं है छाया

पता नहीं किसने किसको कितना है अपनाया

और जो भी मिला उससे यही पकड़े कहा.

अर्थ और अर्थ बिहीन मेरे लिये दोनों ही एक ही साथ रह

सीमा की एक लड़ाई, लेकिन कहां पता हुआ दूसरा कौन सा देश?

होता क्या है, जनहानि कर जाती है प्रवेश?

युद्ध का क्या औचित्य?

पता चलता है कहां , वह किसका किसका कृत्य?

अपरिचितों को ऐसे से परिचित करना.

क्या-क्या नाम और पता ,नहीं फिर भी क्या क्या कहना?

भीड़ तो दिखी नहीं, लेकिन उस सा ही था शोर.

ढूंढ रहा उस भीड़ का , पकड़े है कौन डोर?

अनुपस्थिति में वार्ता इतनी जा रही सुनी .

उपस्थितो की दब गई है, या नहीं रही है उनकी कुछ भी मानी

दंश की कथा हो रही है पल-पल चौगुनी.

जी रहा है कौन नहीं, नहीं यह केवल एक कहानी?

और जो उनके कहीं और हैं?

जीवन पर्यंत है अटके, ले रहे हैं सांस. बस इतना ही ठौर है.

कल पर क्या कुछ है छोड़ा?

मौन यहां भी ,मौन वहां भी, इधर उधर ही अटकी इनकी हर सांस, तभी गई नहीं है कुछ भी छोड़ी, तभी नहीं है किसी से कुछ भी गया है मोड़ा?

कुछ तो है करना, राहे बस जा रही ढुंढी.

प्रश्न यह भी है, था तब क्यों गई नहीं पढी?

कई कई बार यही कुछ हुआ, युद्ध ही एक प्रश्न, क्यों नहीं गया किया खड़ा?

कौन जीता या हारा, यही क्यों गया जड़ा?

दर्पण लगा के कौन बस रह गए?

परछाई क्या कभी कहीं अपने को जीवंत कर आए?

चलना तो है ही पड़ता.

पाए क्या कुछ कोई, जब रहे केवल जड़ता?

कभी तो पहचान होती होगी खोई?

कहां अब तक वह आई, जब वह गई नहीं है ढोई?

सीमाएं बार बार गई है तोड़ी.

हर बार सच्चाई अपनी अपनी और गई है मोड़ी.

फिर असत्य जीता.

सीमा के किसी भी पार, जाती हैं जाने, किसमे कहे है दयालुता?

शहीद होने वाले, थे वे कौन?

एक संख्या और कुछ उनकी यही वही पहचाने, शेष तो सदा से रहता आया है मौन ही मौन?

कुछ की कुछ अलसाई आंखें, कितने रंगो को है ढूंढती?

ना हो अपनी यह, यही उनके प्रार्थना मे है रहती?

कितने पृष्ठ स्मृतियों के पलट पलट रहते हैं जीते?
कौन सा घूंट लिए है अमृत या ढरका रहा विष, रहते है
पीते?

• 34 •

15. अपना पल

15 अप्रैल 2022. नाथद्वारा

ना तारों भरी रात, ना ही किसी की तब स्मृति कौंधी.

दिन व्यतीत हुआ था दौड़ते और रात्रि ले मुझे पड़ी रही औंधी.

कितनी अपनी थी सुध?

कैसे किसी के राह की बनु बुध?

रंग एक ही था, वह भी सोया हुआ.

कोई और भी जब दिखा, उसे आलस ने था छुआ.

मैं इनसे निकल चाह रहा था, कुछ और लुं ढुंढु .

पल तब कुछ और रहा था पढ.

ना ही मिल रहा था कल.

और भागे जा रहा था यहां आपका पल पल.

कह देता तो कुछ और पल उसके साथ ही कट जाते.

क्या पता तब मेरी प्रतीक्षा, मुझे मेरी प्रतीक्षा का कुछ भेंट दे पाते

हवा को भी पाया रूठा हुआ.

एक भी झोंके ने भी, मुझे अब तक, कहां था छुआ?

श्वेद कणों का कार्य, स्नान करा रहे थे.

और तब हम कहां, कुछ और, जोड़ भी पा रहे थे?

कहता अभी, तो कुछ क्या कहता?

चेतना शून्य सा था, वही तो रहता.

कभी लग रहा था, मैं रहा हूं जीत, शेष पल सुना रहे थे हार.

यह कुछ ऐसा ही था निबंध, जैसे चांदनी रात्रि में नौका
विहार.

कोई पास से आता जाता तो मिले?

क्या हो सकता कि मेरे अधर ना हिलें?

उतरा नहीं कुछ क्या था पूछना?

उनकी थी सुननी या स्वयं ही था कुछ कहना?

पलकें होने लगी बंद , लगा अब हो जाएगा सब विस्मृत?

पर पता नहीं क्यों पी नहीं पाया ऐसा अमृत?

कल पर कुछ क्या था छोड़ना?

इसका क्या होगा, मुझे भिन्न प्रकार से तोड़ना ?

आशा से भरा मैं ,क्या पता वह कुछ ले आए?

आज का यदि ,वह सब भूल पाए?

यहां यदि जाता हूं अटक?

कथा तो अपनी वही होती, जैसे आज तक रहा हूं भटक.

वह मुझे करें प्राप्त या मैं उसे.

क्या तब पूछेगा मुझसे, हो कैसे?

या फिर मौन ही रहेगा उतरा?

क्या यह वाद विवाद की प्रतियोगिता सा रहेगा ठहरा?

कभी मैं हो रहा था गुम.

कभी चेतना मचा रही थी धूम?

जबकि अब था भुलाना, और निद्रा को पाना.

कुछ सत्य आ आ ठहरे , लगा उन्हें रह गया है-

कुछ अब भी, जो कभी हुआ था वही है बताना.

16. मैं अपनी राह

कल तक था प्रस्तर, आज रहा बोल.

जब से मुझे में प्रेम है जगा उसने सारे रहस्य दिए है खोल.

जब वैसा , तब तक उससा रहा था जी.

अब यह जैसा चाहता ,रहा में वैसा जी.

हंसी तब भी थी आती.

आज वह छिपाई नहीं जाती.

प्रतिभा यह है, किसकी?

यह तुम्हारी आ बसी है, मुझ में कहीं और से नहीं है आ-
खिसकी?

तालियां कब औरों ने पीटी?

अपनी बजी तभी से वे, आ है लिपटी.

मुझे विशेषण से भरते, जब लोग.

स्मरण अपने को रखने का तो ही वे पाल रहे उद्योग.

उनकी प्रसन्नता में कर रहा तब तब ग्रहण.

कुछ उत्तर देना या चले जाना, होता जैसे छोड़ दिया- उनका
रण.

उनमें से कुछ के लिए अब मेरा नाम ही है एक विशेषण.

कुछ जीवो का अर्थ , अन्यथा करते हरण.

दोष क्या उन जीवो का?

या ,निरीहता वाले उनके पहचानो का?

सुन कभी था, रुक जाता,

क्रोध भी था उपजता,

लेकिन अब कमजोरी मान उनका ,हूं हंसता .

हारा कौन, और जीता कौन, हारे वे, और मानता, मैं जीता?

उनके क्या बदले हैं कुछ भी विशेषण,

क्या छोड़े हैं वे अपने रण

मिला नहीं उनसे वर्षों से, तभी कहता में, नहीं है पता?

कैसे पाता भी जता?

ग्रहण करता कभी यदि उनका कुछ?

होता यही, करता जीवंत ,उन्हें ही रहता अभी भी पूछ.

खोखले से वे थे, मैं तो नहीं.

आते जाते वे थे रहे ,मेरी तो वही अपनी राह ही रही

मौन रह क्या उन्हें मैं कुछ समझा पाया?

दुख है मुझे, क्यों नहीं कभी कुछ कहता आया?

आज उनके साथ है केवल औषधियां.

और कहने को कुछ और नहीं, अपनी दिन प्रतिदिन -

की पल पल की कहानियां.

जब कभी क्रोध उपजा मुझ में.

कई कई वार व्यतीत हो गए मुझे उसे सुलझाने में.

इस अंतराल आंखें ही नहीं, मुख को भी रखा बंद.

मेरे लिए नहीं, उनके लिए ही सार्थक करते उपजे छंद.

क्यों करें अपनी ऊर्जा नष्ट?

तभी तो उनके द्वारा जो कुछ भी किया गया उससे मुझमें
कभी आया नहीं कोई कष्ट?

मैं अब भी, कितनी भी हो दूरी, दौड़ हूं जाता?

किस पल नहीं, प्रकृति को अपने साथ हूं पाता?

प्रसन्नता मेरा आहार और खिलती मुस्कुराहट मेरा मित्र.

मैं अपने साथ सदा ही रहा जी, प्रहसन यह मेरा और मैं ही
एकल इसका पात्र.

17. दर्पण मे मैं

21-02-2022, कर्णावती(अहमदाबाद)

जिन्हें लोग है पहचानते कह बुराई, उनमें से कितनी- मिलती
हैं मुझ में लिपटी?

जिन्हें उनकी मिलती है प्रशंसा, वे कभी भी आ मुझसे- नहीं
चिपटी?

लहूलुहान होता तो, भीड़ इकट्ठी होती, देखती चोटे.

वैसे तो धरा पर, हम कई कई बार है लोटे?

कभी हो चिल्लाए, स्मृति में नहीं.

साधारण जीवन -वृति मैं यह कहां कहीं?

परछाइयों ने गीत अवश्य गाए.

इन्होने मुझ पर ला ला सुझाव पर सुझाव है चिपकाए.

हवा का झोंका बादलों को उड़ाता दिखा.

मैंने तब भी अपनी गति को एक समान ही रखा.

रही चाहे प्रवचनों की झड़ी.

बनी यह मेरे लिए जैसे, फटते दीपावली वाली पटाखों की
एक लंबी लडी.

तभी ,कहीं से आ टपकी कुछ पंक्तियां?

कभी मिला मेरा स्वर और कभी वहां दिखी केवल रिक्तियां?

मैंने अपने में कुछ को पिरोए रखा, जो तब दिखा.

अपरिवर्तित ही उन्हें रखा ,जब कभी भी लिखा.

कल की कथा, किसी और की, कुछ और चाहे होगी.

सत्य हो कोई, तो क्या वह भिन्न कहेगी?

वे रहे झूले पर बैठे , पेंग मार.

लेकिन इसने, कब किसी को पहुंचाया है उस पार?
कल बुला ले तो, आज तो नहीं आता.
वे कह रहे ,पकड़ यदि हैं बैठे ,दिख रहा चाहे नहीं, बिखराव
ही तो है अपने को पाता?
क्या कहूं, कभी मेरे पैरों में आ बैठता है नृत्य का स्पंदन.
तभी कभी स्वर मेरा करने लगता है अभिनंदन.
नहीं जानता मैं ,वह कहां से आता है उतर?
और यह भी सत्य ,नहीं बिखरता, बस जाता है लहर .
मैंने कभी नहीं देखा ,
तो क्या किसी और ने नहीं होगा कभी इसे परखा?
गणना में कभी ना कभी, तो यह गया है ही रखा.
जानता कहाँ उसने क्या क्या कभी हे सीखा
कुछ और कह, भागा नहीं जा सकता.
अस्वीकार कोई कितना भी करें, संबंध स्थापित तो है ही
रहता?
राह मेरी जब कभी नहीं थकी, मैं भी नहीं थका.
गति थी अपने पास, तभी कभी कहीं मैं, ऐसे मे नहीं रुका.
कुछ खेल अवश्य खेलें.
तभी तक, हम कुछ उनसे मिले.
ना तब ढोया कुछ, ना आज रहे कुछ ढो.
विश्राम स्थल से वे, इससे अधिक कुछ ना पढ़ो.
मिले, खेलें और बस चलें.
देख लो इनसे रिक्त ही हैं मेरे सारे थैले .
मैं हूं केवल अब, अब पर.
रहा चल आगे, किस पल नहीं. कुछ कर कर?

18. समर्थन

खिड़कियां है तो खुली, लेकिन हवा तो बहे.

प्रकाश आए तो तब, जब कोई आने को कहें.

सूर्य कब नहीं रहता आसपास?

फिर भी, यह क्यों बना है अंधकार का आवास?

क्या अपेक्षा है मिले, दिशा निर्देश?

प्रतीक्षा ही रहेगी, जब तक कोई ले ना आए आदेश?

तालियां पीटी, ध्वनि पहुंचाई.

डंके की चोट सी यह, वहां हुई कहां कोई सुनवाई?

परछाई ही मिली वहां टहलती .

मिली कभी ठहरी, और कभी दौड़ती

मौन सा ही था सब कुछ, रुका रहा मैं, क्या पता सुन -

लु कभी , वह जो भी हो कहती?

एक आशा सी रही है उगती

यहां ना कुछ था डूबना, ना ही कुछ उगना.

बंजर सी भी नहीं यह भूमि, जीवंत हैं सब, नहीं एक सपना.

नहीं वैसे बीज यहां, जो हो जाएं व्यर्थ??

कल के लिए ,क्या नहीं कर रहे समर्थ?

कब तक यहां कुछ नहीं उगेगा?

कली तो है, कभी ना कभी उसे तो फूल बनना ही होगा?

तभी है यह प्रतीक्षा.

उस काल तक, ग्रहण करनी ही होगी शिक्षा.

जीवन का अर्थ, यह तो भी है.

नहीं यदा-कदा, यही कभी भी है.

जब कभी भी उठी एक आंधी.

कुछ राहें तभी गई बांधी.

अब किसी का नाम लेकर क्या करें?

उभरते नहीं है तब छोटे-मोटे गड्ढे, जो कोई जा भरे.

किरण होंगी क्या आप अब भी परावर्तित?

क्या तब उनको कोई अर्थ करेगा समर्पित?

क्या हो, यदि वे ले बैठे रहे अलाव की बातें?

अब कहां है वे जलाते, हम रहेंगे ही उन्हें अब ढूंढते?

क्या कहीं ऐसे जा, होता है जुड़ना?

कठिन है, वैसे ही जैसे एक और नई पंक्ति का फिर से हो
गढ़ना

कभी किया था स्वीकार.

क्या यह हो सकता किसी का भी सतत अधिकार?

वह काल अब कहां?

कितनी धाराएं आई और बह चुकी यहां?

अर्थ कहां बदला, जो तब वह अब.

शेष क्या नहीं परिवर्तित, है सब?

स्पष्ट कहा, भार उतरा.

कभी का दिया सहारा, वह भी अब बिखरा.

यदि वह कर पाए अपना रूप परिवर्तन.

तब क्या पता, वह पा जाए आंशिक या पूर्ण समर्थन?

19. मेरी वार्ता स्वयं से क्या ?

23-02-2022. कर्णावती (अहमदाबाद)

कुछ कथाएं मेरी ऐसी ही सो गईं.

शेष का पता ही नहीं चला, वे कब कहां खो गईं?

औरों का टांगें टांगें हम रहे हैं घूम.

शोर मचा दे, हम रहे हैं कह, कोई तो ले उन्हें थाम?

कौन किसका मुझे पता नहीं?

किस पल हम कुछ और कह रहे कहीं?

कहां नहीं वह दिन रहता है फैला?

पूछा जब भी, अंतराल का कहां कुछ मिला?

कल की वह पहचान.

आज दिला पाती कहां वह सम्मान?

जानते हम समुद्र का जल है नमकीन.

अब नदी का मीठा जल क्या रोक पाता है अपने को,-

या मीन?

और वे नारियल के पेड़.

नदी हो या समुद्र का किनारा, दिखते हैं रहते अपने को मोड मोड.

यह जुड़ाव ,कुछ तो है कहता.

एक ही है वे, तभी तो यह भाव है रहता.

क्या इसीलिए, फैलाव रहता है रुका?

वह है विश्राम स्थली, जब भी कोई आए थका.

आमंत्रण उसका कब नहीं होता?

आ, तेरी यह भी है एक राह, धीरे से है सुनाता.

बाढ़ की रूप ले, जल की धारा जब बहे.

तब तब पेड़ों ने हमसे क्या-क्या नहीं कहे?

केवल, अलाव हीं मत जलाओ.

कुछ छांव भी तो लावो, हमें भी तो लगाओ.

मैंने तब तब उठती हुई सुगंध है पायी.

और, तब मेरे भीतर ,कुछ पंक्तियां उगती हुई है छायी .

जो हम कह ना सके, वह उन्होंने दिया कह.

दूर कहीं, अब भी एक धुंध सी गई है रह.

धीरे से, देर से ही सही, निहारा जब अपने को.

पूछा स्वयं से, देखा कब अपने सपनों के सपनों को?

अब दर्पण, लगा है स्वयं को छिपाने.

हम स्वयं से ही रहते हैं भागते, क्या वह नहीं जाने?

बिना कुछ कहे ,कहां कुछ भी है मिलता ?

बस तब, केवल आना-जाना ही है लगा रहता .

आशा यहां भी एक है रहती, क्या पता ऐसे में भी ले-
कोई मुझे ढूंढ?

मेरे अंदर क्या है, वह ले पढ़?

गति रहती है मेरी सीधी साधी.

लय है, जीता छंद पूर्ण, नहीं कभी आधी.

कल , नहीं मेरा इतिहास,

चल रही है श्वास,

यह भी अभी नहीं एक प्रयास.

जी रहा हूं क्योंकि क्योंकि मुझे स्वयं का होनेका होते रहना
चाहिये आभास.

20. बैरंग (बिना टिकट का भेजा गया पत्र)

24-02-2022, कर्णावती (अहमदाबाद)

वे साथ के कुछ पल, सदा रखते हैं मुझे जीवित.

साथ ही साथ शेष पलों को कह नहीं सकता वे हैं मृत.

स्मृति चिन्ह के रूप में क्या रखता, पत्र तो कभी लिखे -
ही नहीं?

ढूंढने को भी है कुछ नहीं, दीवारों पर भी कहां कुछ-
छोड़ा थोड़ा सा भी लिख कहीं?

अपने पास पटरी भी थी , और थी भी खड़िया.

लिखने और मिटाने की भी जुड़ती रही थी कड़ियां.

तब तो सदा होता था साथ साथ का खेलना.

था ही तब कितना पढ़ना और लिखना?

कभी हमहोते थे एक पक्ष में.

जब होते थे दूसरे पाले में, हो होते थे घोर विरोधी
अब जब विपक्ष में.

होते जब पास ,मिलती जैसे ,जल स्त्रोत के पास-
की सी ठंडक.

अंधेरे में जब खड़े, सुन पड़ती केवल धक धक.

छिप छिप हम लेते थे यह खेल.

मौन ही रहता था, कौन दे पहचान, औरों को कुछ बोल?

चंद्र किरणें राह तब थी दिखाती.

पेड़ों की छांव तब एक दौड़ थी लगवाती.

और कुछ पुकारें आ बैठती थी मध्य .

हां कह, उपस्थिति का देना पड़ता था अर्ध्य.
खेल यह कल पर जा टिकता .
यहां कोई कैसे पत्र लिखता?
साथ भींगे भी, चले तो स्पर्श का हुआ नहीं युद्ध.
वैसे अपने मध्य कहां कभी कुछ हुआ अवरूद्ध?
फिर विद्यालयों की राहों ने बांटा
कुछ कुछ विरोध भी गया यहां रटा.
कितना कुछ कहा ,नहीं पता वह क्रोध था या -
असहायपना ?
अब थी दूरियां ही दूरियां, नहीं था कोई खेल-
कितना कुछ स्वयं ही हो रहा था मना?
क्या विचार रहे थे बदल?
या नए आगमनो से बन रहे थे नए-नए दल.
कुछ हमारे में से ऐसे छटा.
और कुछ अपने आप ही छूटा.
कब रोए, ना देखें कोई, ऐसी वर्षा ही नहीं आई.
बूंदाबांदी की आशा दिलाते, बादलों की दिखी -
भी नहीं परछाई.
कुछ एस था ही नहीं, है जिससे हो डर.
कुछ ऐसा, हुआ भी नहीं ,जो कहे यह कर या वह कर.
शब्दों में भी पिरोता, वे अर्थ व्यर्थ ना उछलते.
होते भी यदि, क्या आज भी वही अर्थ लिए मिलते?
ना ही वहां कोई नदी थी, ना नाव, जो डूबती.
हां मन की नाव, अब भी चलती है रहती..
इस घाट तो मैं हूं, उस घाट का नहीं पता.
दौड़ लग रही, ले वही पुरानी लता.

21. दैनन्दिनी मेरी

25-02-2022, कर्णावती (अहमदाबाद)

राह से कब हुआ नहीं मेरा संवाद?

कितना उसका चल रहा लाद लाद?

सांसो से नहीं. स्वर से हो रहा वह अमर.

क्या हुआ, मैंने आभार व्यक्त नहीं किया अगर.

काया थी किस पर अवलंबित?

पल पल जाना, हर पल हुआ चकित.

वे शब्द चाहे थे नहीं मेरे लिए, अपने ही लगे.

नीरवता को तोड़, जो वे थे जगे.

बस कुछ भी टांगा नहीं कहीं?

और अपनी ही ले, कभी किया नहीं दही -दही.

इस पथ पर वे, उस पथ पर मैं, मैंने कभी कुछ नहीं बांटा.

ना ही इसे कारण या उस कारण गीला किया आटा

ना उनके लिए तड़पा, जो गए राह में छोड़.

स्मृति में तो वे हैं ही, माना है ,वही उनका था मोड़.

जब तक थे, वे थे उनके संदेश.

तभी कभी बाधा नहीं, ले या दे आदेश.

अभी रहता था शब्दों को रखता ,रटता.

यही सत्य, तभी रहा जीवन दौड़ता कटता.

कुछ अपने से मिलता और कुछ कहीं भी कभी भी छूटता.

जब अपनी पहचान उभरी.

अनावश्यक की रह गई कहीं गठरी?

क्या व्यथा कहीं रही तब?

लगती है अब, एक परीक्षा ही थी वह सब.
शब्दों को ना ही तौल,नाही परख, कह सुख-दुख.
जैसे भी वे थे, है स्मृति में, कुछ तो उनका रख, लिख.
पद ,बस कहीं रुके नहीं?
हर एक लक्ष्य की प्राप्ति पर एक और लक्ष्य -
मेरे लिए मिले वही.
देखे नहीं हम कभी पीछे मुड़.
तभी हर चढ़ाई, कैसी भी ऊंचाई हम गए चढ़ ,लड़ लड़?
कांटों से भरी, पथरीली भी थी यदि राह
चलते रहे हम, क्यों करते किसी की कैसी, उससे डाह?
कुछ चलाकभी धीमे ,कभी तीव्र, और शेष दौड़ा.
लेकिन कभी धन्यवाद करना नहीं छोड़ा.
कोई मिला"अमरत्व" उस पल को दे गया.
शेष भी ,मेरे लिए विशेष ,उनको भी -
मैं वैसे ही पालते हूं आया.
हुआ कब नहीं आकुल तन?
गिरने नहीं दिया, जानता मैं कैसे रहा-
तब तब साथ मेरे, मेरा मन?
कुछ रंग बिखेरे, कुछ भिति चित्र मैंने उकेरे.
लिख दिया ,हो रहे जीवंत ,फिर क्यों नहीं वे कहीं ठहरे?
पता ही नहीं चला, कब आ, लिया पकड़ मेरे हाथ?
मेरे लिए ,मरुस्थल था या जल प्लावित- स्थल-
दिया सदा ही साथ,

22. मेरे वार का एक इतिहास

17-04-2022. कर्णावती (अहमदाबाद)

बैठ लिख दिया मैंने अपने चित्र पर जब दिनांक,

वह क्या केबल एक अंक

नहीं पता, उसे नवीनता दी या इतिहास सा बताया

क्या यह मैंने यहाँ बसाया

वह कभी कितना पुराना?

अब जब इतिहास ही बनना है तो फिर क्यों रोके

अपना चित्र खिंचवाना?

उनका जैसा भी रूप रंग था, हम संग थे.

ढूंढा नहीं ,अब कैसे हैं कौन सा अंग, अंग भंग तो ना थे?

मेरे लिए ,कभी वे क्यों नहीं बदले?

हमारे पास सुरक्षित है वही छवि ,प्रथम दर्शन वाले.

उसे पर कोई और चित्र चढ़ता नहीं

आंखें आज भी हैं देखती वही, तभी तो आज का-

कुछ दिखता कहां कहीं?

क्या कोई है विधि, कि उसे निकाल पाए?

क्यों जानना उनसे, जिन्होंने हर बार नए हैं बसाए?

यही तो नहीं सीमा मेरी.

अनंत से बंधी है मेरी डोरी.

सत्य है, हर पल रूप रहता है बदलता.

दिखता है, फिर भी प्रथम वाला सदा ही है रहता .

है अनवरतता, फिर भी मुझ में वही है बसी.

ले नहीं सकते उसकी जगह, कितनी भी बांध ले कोई, ले
आज की रस्सी. ?
कितना मैं सदा रहता हूं प्रफुल्लित?
ऐसे में वह रूप कैसे भी नहीं हो सकता कीलित?
डरा सहमा कभी रहता था बैठा?
आज सब है छोड़ दिया, इनका उनका कहा, कितना सब था
झूठा?
फूलों की एक-एक पंखुड़ियों को निहारता, मैं जाता हूं खो.
पहले चाहता था, कहता था, यह देखो ,वह देखो, अब केवल
स्वयं से कहता हूं, बस, तुम ही देखो.
दृष्टि पड़ने पर, इसका भी रूप रंग लगता है बदलने.
साथ ही साथ, वह लगता भी है कुछ कहने.
कुछ नया चढ़ता है,
फिर भी पहले वाला ही रहता है.
मैंने ही उसे ऐसे बनाया,
उसने ही तो यह है राह दिखाया
क्यों नहीं वह कभी रुकता
कहता कभी वह क्यों नहीं थकता?
तभी आज का भेद रहा है मिट.
कभी का ,किसी का ,कुछ भी फैलाया ,रहा है सिमट
वह भी क्या नहीं ,सत्य उनका?
मेरा भी क्या, ना नहीं कहता, एक एक भाग कब नहीं
,इनका या उनका?
वे चाहे रहे रहे हैं सदा से बांट.
प्रभावित नहीं होता मैं इससे, दिन रात नहीं,-
जब है हम हर वार के सम्राट.
सुना वे रहे थे चाहे अनेक.

हम तो सुन रहे थे केवल एक.
पत्र कभी था किसी ने लिखा.
लेकिन, उसे संबोधन ही नहीं था रखा.
संबोधन क्या अति आवश्यक?
यदि स्वयं के लिए लिखा, तो जब भी वह पढ़ता या देखता
हृदय उसका क्या नहीं करता धक धक
दिख रहा वह केंद्र की ओर होता अग्रसर.
मुझे लगता कभी परिधि पर, कभी केंद्र की ओर और
अधिकांशत: इधर उधर .

23. अपने साथ कुछ पल

विश्वास अविश्वास अंतर नहीं डाल सकता, तभी तो है साथ.

वह कैसा भी, हमें तो पकड़ के रहना ही है उसका हाथ.

किसको वह कैसा रहा है दिख?

अंतर नहीं पड़ता, रहे हैं हम अपनी लिख.

और क्या कुछ कहूं?

ज्ञात है सब, फिर मैं अपने मे ही कैसे ना रहूं?

पूर्ण ही है क्या , अपूर्ण की परिभाषा?

किसी को क्या है पता ,कहीं कुछ पास आ ही,

ठहरी है मेरी अभिलाषा ?

ठिठक , कब मैं वही नहीं रह गया खड़ा?

कोई है क्या, वह जो कभी अपने से नहीं लड़ा?

आमंत्रण का वह अपना क्षण.

नहीं जानता कैसे, वही बन जाता रण?

कौन चुपके से शंखनाद है करता?

धधकती है जब आग, घी की आहुति -

कौन है डाल जाता?

पता नहीं, यह अपना कौन सा कोश?

पल पल में ही खो जाता होश.

जब कोई ढूंढ रहा शेष .

ना मिले तो, गुणांक का इसमें क्या दोष?

कौन सा पल, वैसे ही, नहीं रहा है छूट?

इस आने जाने को क्यों कहे हम लूट?

ना ही मैंने कुछ मांगा, ना किया अस्वीकार.

जब किसी ने ,वहां जला दिया दीपक, माना यह अंधकार

पर उसका अधिकार.

एक गंध कर रही थी तब पहल.

आज भी कहां बंद हुआ वह खेल आही जाती है टहल टहल

अपेक्षा नहीं कह, क्यों उपेक्षा रहे कर?

फिर कैसे नहीं जन्म लेगा वहां डर?

ढिंढोरा जा रहा है पीटा .

क्या-क्या नहीं गया है रटा?

देख अपने को बिखरते, दर्द तो होता है.

यह भी हे सत्य, यही कुछ कहा भी नहीं जाता है.

नहीं यह मेरा भ्रम, सत्य.

फिर कोई बटवारा क्या नहीं असत्य?

लग रहे हैं तत्पर तथ्य.

दूर जा ही, क्यों प्रकट कर रहे अपना कथ्य?

केवल उनके लिए, मेरा कहां कहां नहीं पड़ा है अंश?

मुस्कुराता हूं, अधूरा ही हूं यही कहने को वह मारता रहता

है डंक पर डंक, पता नहीं कब होगा शेष इसका अंश?

मैंने अपने को ले उनमें जब भी झांका.

मुझे लगा, उन्होंने अभी मुझे पूर्ण नहीं है आका.

वर्षों ने अपनी गणना नहीं की है बंद.

परिवर्तन का हर क्षण, तभी मचा रहता है द्वंद?

24. ना पैदा होने देता अपनेपन की कराह

25-07-2921. कर्णावती(अहमदाबाद')

नैनों में उनके, क्या पता ,क्या-क्या उपजा?

मेरे लिए तो जैसे वहां फहरा रहा कोई ध्वजा?

देख भी ली होती यदि क्या-क्या और?

तब भी क्या, थम जाता मेरे भीतर का शोर?

वही, अब भी हूं नहीं अटका.

लेकिन यह भी कहता वहां से इधर उधर भी नहीं हूं भटका.

दूर तक, स्पष्ट दिखता अवश्य है.

लेकिन, वहां रुका एक ही दृश्य है.

कथा मेरी ,अब तक उसे ले ,कुछ बनी नहीं.

कुछ और उन्होंने क्या कही ?

लेकिन सांसे मेरी वही है अब भी ठहरी.

कभी छिछली सी और कभी होती मिली गहरी

बंद पलकें क्या क्या नहीं आ है कह देती

और मेरी तो ऐसी है , वे नहीं झपकती.

कुछ मेरा, अब भी वही है टंगा.

किस पल वह रहता नहीं मेरे साथ जगा?

राहे कब कब आ नहीं मुझे मिली?

वे रही सदा मेरे साथ, एक रात सी ढली.

कभी कलरव सा था रहता.

अब है वहां मौन, यह भी है कुछ कहता .

लेकिन उन्होंने कभी आ ,कहा नहीं ,देख या सुन.

और मेरे में भी कभी बजी नहीं ऐसी धुन.

ज्ञान प्राप्त कर, कुछ ऐसा मैं करता.

कौन-कौन है वहां बसा, इतना तो जानता, औरों से कहता.

मेरे लिए वह नहीं केवल एक राह.

मिली यह तोनही पैदा होने देता, -

किसी में अकेलेपन की कराह.

स्वर की एक अपनी है गुणवत्ता.

उसे कोई दे नहीं सकता धत्ता , -

क्योंकि उसकी अपनी है एक अनोखी सत्ता.

होना है ऐसा ही जीवन.

चाहे वह मैं हूं या कोई और जन.

आते जाते कभी-कभी ,पलकें खोल.

क्या पता यदि वहां कोई हो प्रतीक्षारत, -

वह मुझसे ले बोल?

क्या लिखी कभी भी एक भी पंक्ति?

होती तो, यह मेरे लिए होती एक भक्ति.

मूर्ति चाहे जैसी हो, वह कब नहीं जीवंत?

आरंभ है यह, नहीं एक अंत.

ढूंढ पाऊं यदि स्वयं को अब.

प्रश्न तब उगे नहीं कब?

डोर तो मैंने है बांधी ,और मैं ही हूं उससे बधा.

फिर क्या है पूर्ण, तभी तो उठता रहता है विचार,

फेकता स्वयं को इधर-उधर, ऐसा वैसा, देता है बाधा.

दिख रहा संपूर्ण क्या वह नहीं मेरा ही रूप?

खिल उठी है मेरे भीतर अपनापन की अब धूप

25. घर लौटना ही होगा

26-07-2021 कर्णावती (अहमदाबाद)

हमारा यह जीवन सत्य

उनका वह बहकावा देने वाला एक असत्य,

लेकिन, हमारी कल्पनाओं में नहीं जीवन से जुड़ी है नदियों की संस्कृति.

कहां दिखती है उनमें जो यह गाते हैं, इसकी अंश भर आकृति ?

उनका वह पंथ, दूसरे को भरमाते, वे रहे हैं चल केवल चाल.

तोते जैसे , रहे हैं वे बोल, और हमने अपने द्वार उनके लिए दिए हैं खोल.

एक मान उन्हें अपना सा दे रहा सम्मान.

दूसरे लोग जो गा गा, आ रहे, उनके लिए यह मात्र गान.

भीतर वे जानते , कर रहे हैं अपमान.

दूसरों में से कुछ गए भी जान, -

छोड़ है चल देते करते अभय दान.

अपनाली जब भी किसी पीढ़ी ने यह कर्म.

नष्ट ही होता पाया है धीरे-धीरे धर्म.

पता नहीं क्यों समझे ,हम पीढ़ियों की यह व्यथा?

इन प्रश्नों पर किसी वार्ता पर रखते हैं क्यों तथा तथा?

हमारे ही वचनों को पिरो गीतों में,-

बिखेर रहे सौंदर्य प्रकृति का.

उन्हें चाहे नहीं मान्य, गाते यह,-

कैसे है छिपा लिया अपनी यह धोखेवाली वृति का?

कर शब्दों का कुछ अदला बदली,-
कही यह एक गंभीर रहस्य.
अर्थों में दिया, है तूफान ,
फिर भी हममे क्यों जलता दीपक का है दृश्य.
पता नहीं क्यों, हम में से किसी ने, उनका-
वह सत्य नहीं देखा?
कथा में क्या क्या था, जिन्हें वे जानते नहीं थे,-
पता नहीं ,उन्हें इन्होंने ले क्यों नहीं परखा?
मेरा कुछ ही काम क्या यह नहीं दे गयी जड़ता
कहा मुझे क्या अंतर है पड़ता,
यही तो हो रहा है क्या नहीं समाज के हार का कारण.
शांति के दूत का दिखावा करते ,जानते वे
लड़ रहे एक रण.
जो भी विरोध में सामने आया, दिया अपना बलिदान .
छेड़ना था जब युद्ध, क्यों मान लिया यह असत्य शांति
शांति का ज्ञान?
दूषित होता देख, दुखित होते रहे
भीतर ही भीतर रोते क्यों नहीं कुछ कहे
मिले अपनों से अवश्य, सुनी उनकी, उत्तर नहीं
भीतर उनके जो भी उठा क्या कभी कही
अपनों के पास क्यों कभी विरोध के स्वर में कुछ भी नहीं
कहे?
डर था क्या जो वे अब तक अपनाये थे रहे?
क्यों नहीं कभी इनकी टोलियां बनी?
इतने डरे क्यों, जो भी उनके भीतर कभी उपजा,-
उसकी नहीं सुनी.
वैसे वैसे अब भी कहां है कुछ बदला?

सब है अब भी तो गंदला गंदला.
बस, रहे कुछ अब भी चिल्ला.
दिखता नहीं ,इससे होता किसी का भला.
वह सत्य, कब होगा जीवंत?
डर का कब होगा अंत?
प्रेम स्नेह की कह कह कुछ पंक्तियां.
मानो यही है श्रेष्ठ उक्तियां.
ज्ञान क्यों नहीं पा रहा जीवन?
विष और अमृत को मिश्रित करना है उसका अपमान.
क्या कोई रहा जान ?
मुझे दिख रहे वे मृत.
क्यों जी रहे अपना वही कृत?
स्वर हो रहा क्यों नहीं भारी?
अपनी ओर आने की उन्होंने क्यों नहीं -
छलांग अब तक है मारी?
दीवारों को अब होगा ही टूटना .
अपने घर लौटने को स्वर होगा ही देना

26. आमंत्रण एक

27-07-2021. कर्णावती (अहमदाबाद)

वह है यहीं कहीं मेरे समीप.

पता नहीं, फिर लेता क्यों नहीं, वह एक स्वरूप?

वैशाख की भी धूप की किरणें मुझे नहीं जलाती.

आशा से बंधी है मेरी सांस , बस रहती है आती जाती.

मैंने कभी कल्पना भी नहीं की किसी सुगंध की.

पता नहीं क्यों रहती है उसे शीघ्रता-

कभी भी कहीं से आ, खेलने की और फैलने की?

पढ़ लिया उसने वह पत्र कैसे-

जिसे मैंने कभी लिखा ही नहीं?

लेकिन बसे हैं वे मेरे भीतर अवश्य कहीं.

छुपाता तो मैं सदा से स्वयं से भी हूं आया.

फिर भी, इन्हें उनके पास, वैसा कुछ-

है हर बार अवश्य है पाया

जब भी कोई खड़खड़ाहट मेरी समीप से है गुजरती.

वह कुछ ऐसा ही कहती है मिलती.

डरता हूं ,इधर उधर देखता हूं ,कोई और तो नहीं रहा सुन.

क्या करूं ,कुछ ऐसा ही है मेरा मन?

कल्पना यह नहीं, मुझे वहां है दिखता.

क्षितिज पर पता नहीं ,वह कौन है रहता लिखता?

मेरे पास किसी नाम की नहीं है कल्पना.

कुछ विशिष्ट हैं, आमंत्रण भी है देते,किसने उकेरी है यही
कहने, और सत्यापित करने यह नहीं है सपना.

फिर भी मैं उस दिशा में हूं चल पड़ता

एक पहचान, कुछ खोया - खोया सा वहा हूं पाता।

कुछ शब्द भी वहां रखे हैं मिलते।

चित्र भी रहते उभरते।

अब एक डर भीतर बैठने है लगता।

कहना सुनना भी तब होता है रहता।

पलके रहती खुली , तब भी कुछ कुछ है नहीं दिखता।

जानता कितना कुछ तब वहां बसा है रहता?

होता है वहां भी आमंत्रण का शोर।

किसी इसीमध्य में कितने अपना-अपना कहते -
बांधने लगते हैं डोर?

कोई पाठ सा, वह नहीं लगता।

होता है वह विशिष्ट, एक भार तो है रहता।

लगता है कहीं कोई बांसुरी है बजा रहा।

कहां है वह, अपना पता नहीं जता रहा?

दिशाओं की ओट ले ,मैं कई बार हूं दौड़ा।

मिला नहीं, यह भी नहीं कहता, उसने मुझे ही-
बांसुरी बजा बजा है छेड़ा ।

सुना है, कुछ औरों का भी यही है अनुभव।

वे भी हैं लगातार रहे दौड़, अब यह नहीं-
मेरा केवल निजत्व ।

यह विचार है लगा उठने, क्यों ना हम हो-
आमंत्रण देने वाले?

कई बार उठा इसके लिए, लेकिन-
एक धुंधलापन सा है मिलता, जैसे फैले हो जाले।

उत्कंठा कुछ ऐसी, ठहरने नहीं देती।

लुका छिपी के खेल सा वह थाप लगाती है मिलती।

27. मेरा जीवन दर्शन

18-04-2022. कर्णावती (अहमदाबाद)

लोगों ने कहा था, द्वार के अंदर भी हैं कई द्वार.

जहां मैं था, जो भी मिला , क्या उसने किया नहीं स्वागत संभावनाओं के साथ अपार

विश्वसनीयता इसमें नहीं, कि वह मेरे लिए पहला था या अंतिम.

क्या ऐसा कह ,मैं अपनी सांत्वना को दे रहा दम?

यदि है वह अंतिम, स्मृति में नहीं कितने मैं कर आया हूं पार?

यदि यह पहला है तो, उत्कंठित हूं, अब आरंभ हो रहा है मेरा संसार.

वह अनुभव क्या गया है दे?

क्या पता. यह चक्रव्यूह सा कुछ अवश्य समझा दे?

अंतिम द्वार वाली स्थिति में मैं हूं कितना बदला?

पहली वाली स्थिति क्या कह रही ,मैं वैसा ही रहा नहीं दिख ,जबकि किसी द्वार से भीतर ही नहीं हूं टहला?

ना मैं कहता, वह ही अपना.

ना ही पीटता ढिंढोरा ,नहीं कोई मेरा सपना.

दूरी कितनी भी हो, स्वयं से कहता तू चल.

क्या वह सदा नहीं रहेगा मेरा कल?

जितना भी चलना अब भी है शेष?

स्मृति तो कह रही है, हर पल अपना है विशेष.

वहां यदि है शुन्य, यहां अभी तो होगा ही शुन्य.

ढूंढ रहा, मिले जब भी वह शक्तिपुंज, वही तो अपना पुण्य.

क्या मैं कुछ गया हूं बहक?

जो शब्द दे ऊर्जा, उन्हें पा कौन सकता है भटक?

यात्री हूं, तो यात्रा तो रहेगी.

हर राह की है स्वतंत्रता, वह अपनी ही तो कहेगी.

लक्ष्य और राह का क्या है कोई संबंध?

प्रमाण तो नहीं, लेकिन करता है प्रकट वह एक बंध.

कोई न कोई लक्ष्य कर लूंगा ही प्राप्त.

ऐसे ,क्या मेरी यात्रा होगी समाप्त?

पा एक ,मुझे तो दूसरे की ओर है बढ़ना.

जीवन का यही सत्य है, और यही अनवरतता का भी है कहना.

भिन्न कुछ इससे, होगा ठग जाना.

फिर कहां होगा अपने को कभी पाना?

औरों को रख सामने, मैं नहीं ढूंढ रहा स्वयं को.

तब कहां कुछ भी अपना शेष रहेगा मुझे पाने को?

मैं कहां वह, वह तो कोई होगा दूसरा.

अब वह होगा भी चलता, मेरे लिए तो सब ठहरा ठहरा.

मेरा एक है परिचय, मैं हूं भिन्न.

फिर भीड़ कैसे कोई हो सकती मेरी अभिन्न?

अपनाया है मैंने अपने जीवन में चक्रव्यूह ही चक्रव्यूह.

सदा विजयी मैं, और विजय का ही मेरे पास समूह.

ना एक पा, मैं कभी रुका.

इतिहास लिखा और बसाए, देता यही शक्तिपुंज, तभी पता ही नहीं चलाता स्वयं को की गया हूं थक.

28. अपनी भी तो रही है यही डगर

4 अप्रैल 2022 सोररेल कर्णावती (अहमदाबाद)

अमृता था तब भी पिया, विष भी वैसे ही ले जिया?

ना इससे दूर भागा, ना उसके लिए किसी को अपनों से दूर हटाया.

कभी नहीं किसी ने मुझसे पूछा कैसी लगी!

मेरे लिए तो यही सत्य, प्यास थी साथ वही रही जागी.

लगा उसे है पता, सब है खाली, तभी बूंद बूंद भरती रही .

स्मृति में नहीं, मेरे कभी उसने हां या ना हो कही.

वहां था कितना कुछ?

बस मैं ही नहीं, कभी पाया पूछ.

जब भी कोई प्रश्न उगा, मैं पड़ा चल.

मौन ही रहा, मेरे पास कब नहीं था आज या कल?

पहाड़ की उस ढलान पर पसरी थी एक धूप.

अपनी प्यास लिए मैं ढूंढ रहा था एक कूप.

आती-जाती ,बिखरती कुछ दिखी वहां परछाइयां.

मेरे भीतर भी तब होने लगी कुछ सुनवाइयां.

जबकि था मैं प्रश्नोत्तरों में उलझा.

तब भी रहा था मैं अपने से भी रिझा.

नहीं यह था कोई आत्मावलोकन .

ना ही मैं जी रहा था ले कोई दर्शन.

चल भी रहा था और साथ ही था ठहरा.

प्रकृति से मैं जुड़ गया था कितना गहरा?

खेतों में क्या लहरा रही थी कोई फसल?

नहीं कभी पहचान पाया, अपना यही सत्य पल पल.

चिल्लाया, तब भी शब्द नहीं लौटे.

रुका नहीं, क्यों मेरा यह क्रम टूटे?

थका जब, गला मेरा सुखा.

बहलाने स्वयं को. विचारों पर विचार रखता कब नहीं दिखा.

पैरों को कभी आगे कभी पीछे करते लगा चलने.

कुछ कंकड़ों को भी देखा , लगे उछलने.

उनकी उन ध्वनियों पर मैं होने लगा मुग्ध.

जो कर ना पाया था, वे करते रहे मुझे दग्ध.

समय रहा था दौड़ ,और मेरी गति पड़ रही थी धीमी.

लगी अब भी मुझ में है कितनी कमी?

मैं हंसा, और भी रोया.

लेकिन साथ-साथ एक विशालता भी अपने में बोया.

आती गई कितनी गंभीरता सबको मैंने ओढ़ी.

क्यों बिना इसके ही चलती गई अपनी हर पीढ़ी?

विचार अब फसलों की तरह लगे लहलहाने.

जाना क्यों अब, हमें पड़ रहा, स्वयं को जगाने?

जुड़ जुड़ मैं अब इस स्वप्न- निद्रा से आ रहा बाहर.

अपनी यही है, चलना भी इसी पर है, और अब- अपना भी
तो रही है यही डगर.

29. वह वीराने वाला घर और मैं

19-04-2022 सोररेल कर्णावती (अहमदाबाद)

1

मौन ही क्यों ठहरा ठहरा रहता है घर के हर कोने में?

यह कुछ ऐसा ही जैसे रह रहे हो वीराने में.

लिख पत्र मैंने डाल दिए पत्र मंजूषा में.

देर भी नहीं लगी उसे बैरंग बन के आने में.

अब मैं विचार में गया पड, किसने होगा मेरा पता बताया?

प्रसन्न होता रहा जिनके लिए लिखा उनके द्वारा ही यह होगा लौटाया.

पत्र तो उनकी डेहरी तक जा ही पहुंचा.

अपनी कल्पनाओं में मैंने क्या क्या नहीं रचा?

यह रही प्रसन्नता जब तक डाकिया था नहीं मिला.

स्थान और दिनांक का साथ ,तथा शब्दावली किसकी है हो सकती है उसके द्वारा यह रहस्य हो खुला?

2

आते जाते लोग उस भवन में रहते हैं दिखते.

देख ठिठकते है, लेकिन बिना बोले ही हैं निकलते.

क्या शब्दों की वहां है पड़ गई कमी?

या भाषा ने उन्हें है थामी.

दूर से ही मैंने भी उन्हें है देखा.

पूछूंगा कभी, यह मैंने लिख है रखा.

जब मिला अवसर.

प्रश्नों में देखा, कहीं मैं था ही नहीं रहा ठहर?

मैं तब वायु का वेग लगा मापने.

अनावश्यक से बचा मैं, क्यों कुछ भी मुझे है कहने?

वैसे कभी उन्होंने भी दिया नहीं मुझे आने का आमंत्रण.

मैंने स्वयं से पूछा, मिला ऐसे किसे कोई भी क्षण?

औरों के द्वारा यदि यह होती, लगती चोट गहरी.

अपने लिए मैंने बांध कहीं रख दी यह गठरी?

पहचान के लिए , लिख रख लिया दिनांक.

जब कभी चाहा ढूंढना ,इतने थे, पता नहीं लगने का लगने लगा डंक.

खोल खोल यदि उन्हें मैं देखता, क्या कुछ चल पाता पता?

और फिर एक बार, गठिरिया बांधता ही अपने को पाता.

फिर प्रश्नों की बना सूची, लिख रखा.

कालांतर में क्या इन्होंने कुछ भिन्न देखा?

होते ही हैं उत्तरों के भी कई प्रकार.

हां, ना ,सीमित और विस्तृत, ले वे आकार.

इन हर ने भी कई कई प्रश्न उगाए.

उनके साथ गणना परिवर्तन के कई कई रूप भी आए.

इसी मध्य कभी रही तेज धूप और कभी बादल भी छाए.

मैं ढूंढ रहा एक राह जो मेरे घर के राह पर आए.

नहीं अभी कुछ ऐसा रहा दिख.

जिसको ले चला था, पता नहीं वह क्या दे गया मुझे सीख?

मैं ना वह घर जहां रहता है मौन या अपना वाला पा रहा हूं ढूंढ.

कहता हूं तो वहां का पता नहीं, मेरा कहां लिखा, वह भी तो नहीं रहा पा मैं पढ़?

30. अपने साथ कुछ पल

20-04-2022 कर्णावती (अहमदाबाद)

जीवन अभी देखी ही कहां है , बस वय है बढ़ी?

क्या यह, नहीं इसलिए, क्योंकि उसने गणित है पढ़ी?

ढूंढता हूं जब भी इसे.

मृत्यु से टकरा जाता हूं वैसे.

एक नया आरंभ, होती एक नई कहानी.

विचारता हूं , क्या करूं कि मुझे आये कुछ नयी ही गढनी?

कहीं बैठ जाता हूं, क्या क्या मुझे यही है छोड़नी?

रिक्त अपनी गठरी है रखनी.

इकट्ठा किया ही धीरे-धीरे अचेतन.

हंसा जोर से क्योंकि हंसने का ही हो रहा था मन.

अभ्यास कर रहा, कितनी देर तक रखूं सांस रोक?

मुझे पसंद नहीं वह किसी और के लिए भी क्यों रहे इस लोक?

जिन्हें कभी था चाहा.

रंग चित्र बना, संगीत और खेल में ढाल, उन्हें साथ आने को कहा.

यदि स्मृति में है कुछ शब्द, लिख क्यों ना हम उन्हें रखें?

क्या होगी वही प्रतिक्रिया, एक बार और भी देखे?

काल उतना ही लगेगा.

जितने में अक्षर जगेगा.

अब आ बसे स्वर तो प्रथम.

हो इनका ही अब स्वागतम.

शेष काल को कहा, तुम्हें तो होगा ही मुझे पाना.

जीवन है यह, मुझे है ही इसे अपनाना.

हो रहा मैं इस कार्य में व्यस्त,

कहां पता चल रहा मुझे ,उगता है कब सूरज और होता कब अस्त ?

क्षितिज पर जो रहा है दिख ,उसे ही है पाने का.

यही है अपना मंत्र, समझा रहा स्वयं को अपनाने का.

यह क्या स्वयं के लिए है कोई शिक्षा?

क्या लगानी पड़ेगी कोई कक्षा?

लिख रहा अपनी कल्पना से क्या-क्या न पालू?

अक्षुण्य क्या यही, कैसे भी इसे संभाल लूं?

कक्षाएं हैं लग रही .

भिन्न-भिन्न सीढ़ियां इनकी, जिन पर मैं और, वे मेरे साथ है जग रही.

पारंगत होने उस ओर हो रहा अग्रसर.

यही राह अपनी, डर रहा कहीं जाए ना बीच में ही ठहर?

प्रतिद्वंदी नहीं है कोई और.

कर रहा मैं स्वयं मे ही स्वयं का शोर.

कल अपना वह था, आज यहां होना ही चाहिए.

चलें , दौड़े या जैसे भी हो, बस आप यहां आइए.

जीवन की यही सच्चाई, वह सदा क्षितिज सा.

आयामों मे से कुछ है यहां अपने को खोलता,

नहीं अपने से वह कुछ है भी क्या नहीं भिन्न-भिन्न सा?

31. वह बचपन वाला घर और हम सब

04-11-2021. बरेली

कर रहे जैसे बंदरबांट.

मैं ढूंढ ढूंढ भी हारा, पा नहीं रहा इसकी कोई भी काट.

चाहता नहीं, तब भी लटका हूं इसी अधर.

बिखर रहा है मेरा घर.

उज्जवलित हो रहे अपने वे दिन.

अब भी प्रार्थना में में, वही रहे मेरे दिन इस तन.

स्मृति में कौंधती है अपने वे स्वच्छता के अभियान

सुंदरता पर तक किसको नहीं होता था अभिमान?

स्मृति से निकल ,वार्ताएं अब भी कभी-कभी ,यहां है होती.

शक्तिहीन है अभी, तभी तो टूट यहां दिखी बसती.

एक क्रम है, बचपन फिर युवा .

क्रम यदि टूटे, बचपन ही बचपन या युवा ही युवा.

क्या कहें ऊपर वाली पीढ़ियां नहीं दे रही साथ?

पता ही नहीं, क्यों उन्होंने छोड़ा है ,-

-अपने से नीचे वालों का हाथ?

तब तो रहता था सदा ही सुनना.

क्या आज का हमारा, वे मान बैठे हैं यह तनना.

और मध्य में हम , क्या नहीं जा रहे पीसे?

झुके ही तब थे और आज भी है झुक रहे , लेकिन यह सुनाएं किसे?

वह सुंदर था, और था अपना.

यह भी हो सकता किसी का अपना , लेकिन मेरे लिए तो
यह एक डरावना सपना.

पहले अपना घर था , अब सिमटे हैं ले ले एक एक कक्ष.

यह एकाकीपन ,किसे कर सकता है दक्ष?

चक्रव्यूह अब तो यही जा रहा रचा.

पहले तो कथा ने ही इसे था वाचा.

भरापुरा घर कथाएं कही जाती थी रात में ,सोते थे सुनते.

अब तो वो दिन के किसी भी वर्णन में , हैं रहते.

तब मामा के राह का होता था रखना ध्यान.

कह आज क्या उस विश्वास का ,नहीं कर रहे अपमान?

कुछ है तब भी था बटता.

वह आज हमारे क्रय की सूची में है रहता.

भिन्न ही ,अब दिख रहा है सब.

समूह कहां, एकक ही है अब?

सुख-दुख, त्योहारों में केवल है संदेश.

लगता अब जैसे रहते किसी दूर देश.

तब किसी वाक्य को नहीं कहना पड़ता था यह या वह
अपना.

अब कहते ऐसे, कैसे हो गया है इनका यहां बसना?

त्रुटि किसकी?

अनुसंधान क्यों, जब अपनापन की हर भाव हो खिसकी ?

मन में है मेरे, अपनापन का वह दीपक जो कभी था जलता,
क्यों ना दूं जला.

क्या पता इस फैलते अंधेरे में वह कर दे कुछ भला?

32. एक दिन दीपावली

05-11-2021. बरेली

जले दीप जब, उसमे दिखी एक प्रतिज्ञा.

मानी मैंने ,यही मेरे लिए है आज्ञा.

ध्वनि धमाकों की झटा झट मैंने पाई.

वार्ता फिर कैसे पूरी हो, भाई?

ऐसे में कोई चिल्लाए भी तो कहां कोई पाए सुन?

ऐसे में कहां कभी छाए कोई सूनापन?

इंद्रधनुष भी, यदि होता ,वह सो जाता.

कुछ नए रंगों को पा ,क्या उसे अपने भाई सा से मिलने का मन नहीं होता?

कितनी उर्जा मै करता रहा ग्रहण?

चाह रही यही , खोउ न मैं एक भी क्षण.

बन रहे थे आकार नभ में ऐसे.

रह जाएं उन्हैं देखते ही जैसे.

एक आता, आधा ही जब तक उसे आप अपनाएं.

दूसरा आ कितना कुछ और दिखाएं ?

खोया रहा उनके सौंदर्य में, तालियां पीटी.

पंक्तियों पर पंक्तियां रही उभरती जैसे उसने कितनी कविताएं हो रटी?

टूटते तारों को देख कभी की है कितनी प्रार्थनाएं ?

यहां भी यही भाव रहा उतरता , किंकर्तव्यविमुढ़ था मैं, कैसे स्वयं को मनाएं?

मेरे भीतर उतर , भर रही थी एक ध्वनि.

सुनी मैंने यही गूंज रही थी ,धरा और अवनि.
विगत का यही काल, कल कल करता, आ आ बैठा.
पिछले साल, मैं पूछ रहा था ,वह क्यों था रुठा?
कई वर्षों को ला ला मैंने पिछला भी तो था मनाया.
इसका एक भी अंश तब क्यों नहीं था आया?
समानता जब जब ढूंढी, असमानता ही तो पड़ा पाना.
वार्ता यह स्वयं से , उसने कहा यही तो था बताना.
नभ मे इंद्रधनुष का उससे, इससे है प्रेम.
नहीं कहता है यह उसका योगक्षेम?
मुस्कुराहट मिली, जैसी किसी कंटक में खिली हो एक कली
.

अतुलनीय कुछ मुझे यहां मिली.
मैं हो रहा था सम्मोहित.
कह नहीं सकता ,उन चित्रों ने मुझे किया कितना प्रेरित?
अग्नि से उनको जोड़ता, मैं रहा जलता.
कह नहीं सकता कौन किसे रहा छेड़ता ?
अब भी उन्हें ले मैं रहा जी.
यह भी है सत्य, कितना पूछा उन्होंने कभी कहा नहीं हां
जी?
कभी-कभी , वे भी मुझसे खेलते हैं खेल.
तब तब, हम भी बजा लेते हैं ढोल, वैसे इसमें खुलती मेरी
ही है पोल
राह यही अपनी ,लगती रहती है दौड़
कोई भी पल कहां एक दूसरे को पाया है अब तक छोड़?

33. कुछ पलों का गणित

06-11-2021 बरेली.

कभी-कभी कोई नाम है रुला देता,

कभी कुछ भी नहीं कहता, बस साथ में ही है रहता.

कुछ नाम तो है ऐसे ,जो बरसों से चिपक साथ मेरे रहे हैं दौड़.

मुझे पता ही नहीं है, कब जाएं मुझे छोड़?

कभी साथ के लिए, कितना रहता रहा हूं प्रयत्नशील?

फिर भी हार जाता हूं ,और वह छूट जाता है खेल .

क्या कभी जीवन में लगा ऐसा?

जीवन में ही जाना, कब रहा नहीं इस जैसा?

धनुष है यह, देता नहीं क्या दंश?

मुस्कुराए या कहीं भी जाएं ,डूबता ही है वंश

कल पर रहे हैं वह कितना टंगा?

किस पल यह रहता नहीं जगा?

कभी-कभी यह होता है कुछ बैरंग पत्र सा.

कभी कभी होता ही नहीं, मिलने के बाद भी कुछ भी मिलन सा.

संबंध संबंध कह कह, वह कुछ जोड़ता है दिखता.

पर मिला नहीं मुझे कभी वह इस पर टिकता.

जो भी कभी कहा, क्या उसने सुना?

हां हां कि बस, नहीं माना.

एक डर सा है वह रहता.

और कभी भी, झट अपने को है प्रकट करता.

स्वप्न पर स्वप्न ही, मेरे पास रहे कभी.
क्या क्या नहीं दिखाए उसने तभी?
रात्रि चाहे रहती है फैली .
वह कहती है दिन, और यहाँ भी ,वह है मिली.
छाया ,कब हो गई पहचान?
अब दे, कुछ भी कह ,कैसे इसे ले मान?
त्योहारों का तो एक अपना ही होता है स्वरूप.
वहां भी यह आ आ, बिखेर लेती है ,तोड़ तोड़ अपनी छाव
या धूप .
उन हर पलों में, एक चित्र सा रहता है उभरता.
तब तब दिखता है, सूर्य रास्ता भुलता .
अब जब कोई मिलने आ जाता?
एक रूप ले वह खड़ा है मिलता.
चाहे ,वहां कोई पशु नहीं दिखता?
व्यवहार वहां ऐसा नहीं प्रकट करता.
सांध्य लालिमा कुछ और है कह देती.
एक रूप ले वर्षा, क्षितिज पर क्या-क्या नहीं चित्रित है
करती?
संधि काल का वह पल.
पता नहीं किसे देता संबल पर संबल?
देश सीमा जी ती ले भाषा भिन्न.
वैश्विक से यह ,ऐसा कर कर, करती अपने को अभिन्न.
और रूप ले कुछ भी ,और कोई भी हो नाम?
गणित नहीं यहां, जो कह दे हो गई है शाम.

34. क्या रहा मैं ढूँढ ?

नक्षत्र -लोक ने की प्रार्थना.

आज आ, हमारी अवश्य सुनना.

चल पड़ा, तभी प्रेम का सागर उमड़ा.

छवि अपनी कैसे ढूंढता, मैं बहा, तभी कहां गया जकड़ा ?

कर रहा था मैं एक- एक की पहचान.

क्या यह था मेरा, लहरों को देने का सम्मान?

धाराएं यहां जब भी आ हैं बटती?

फिर भी ,धीरे से हैं ,अवश्य कुछ कहती.

अब अर्थ उनका हो कुछ भी?

मेरा प्रेम तो है उनसे अब भी.

धरा पर जब रखे पांव.

पा समुद्र ही समुद्र ,लगा रहा मुझ पर है कोई दाव.

क्या मैं उन्हें रहा अपने लिए चुन?

पूछ रहा ,कहां हो रहा है समुद्र और नदी का संगम, जा पहुंचे, कैसे मेरा वहां तन?

देखी जब संरचना, कहा स्वयं से, चक्रव्यूह है यह क्या?

एक भंवर सा आया उभर, विचारा क्या यह कोई माया?

समग्रता से इसे अपनाया.

जो रहा दिख ,वही राम की माया, यही स्वयं को समझाया.

क्या ढूंढ रहा कुछ मुझमे, वह जो है क्षितिज के पार?

मैं तो खोल बैठा हूं अपनापन का द्वार.

ढूंढ रहा उसे जो मेरे अंतः में है जगा.

कल पर कुछ मैंने कब है टांगा?

यह नहीं मेरी कोई परिक्रमा.

है बार-बार चाहे ही लौटना, गति को मैंने अपने कभी पाया
नहीं होता धीमा.

स्वयं से ही जब मैं कितना हूं पा जाता?

औरों की आंखों से ,मैं तभी तो कहीं नहीं झांकता?

नहीं है मेरे पास किसी और के प्रश्नों की ढेरी?

यह भी सत्य, है ही नहीं एक अंश भाव भी मुझ में रखने
की किसी और से कुछ भी दूरी.

कल पर कभी रहता था अटका.

अब उसे कभी का वही दिया है लटका.

आंसुओं से मेरे कभी सिंचित होते थे पेड़.

जब भी चलता था ,मुझे पकड़ लेते थे खेतों के मेड.

दिखता था, तब फसलों का लहलहाना.

कितने गीतों को तब देखा है जन्मना?

एक आकृति नहीं ,आकृतियों पर आकृतियों तब रहती थी
उभरती.

देखना कितना हो था पाता, पल के अंश से अधिक कहां वे
थी ठहरती?

शब्दों को कब नहीं कहा, करो तो कभी मेरे भावों में प्रवेश?

कभी लो तो सुन, उगा क्या मुझ में संदेश?

मैंने अब स्नेह के बंधन बांधने किए हैं आरंभ , कुछ-कुछ
रखा वहां, और स्वयं को भी नहीं है छोड़ा.

जहां कभी था ठहरा ,आज भी हूं ठहरता, इनको तो जीवन
से जोड़ता ही हूं ,और नवीनता पा, उन्हें भी हर बार अपनी
और है मोड़ा.

35. मैंने नहीं बनाया पराया

29-04-2022 सोररेल कर्णावती (अहमदाबाद)

अब चाहे, दूरियां थी कितनी, हम चले भी?

हमने देखे ही नहीं, वे कौन से पल कभी?

बस हमारी रही थी आने जाने की विपरीत दिशा.

ना कभी दोराहे ने ,ना कभी चौराहे ने रखी ही हमारी आशा.

ढूंढी कब नहीं?

बस , किसी से नहीं कही.

कहने को कितना था कुछ?

कह लेते यदि मिलते और लेते भी कुछ पूछ.

कितनी संभावनाएं ले, हम रहे थे चलते?

गणित जब आ गया साथ बैठ, मिलते भी तो क्या हम अपनी कुछ कहते?

नहीं कहता ,कुछ रह गई है ,अपनी अधूरी.

सत्य यह है, रह गई है शेष अपनी पूरी की ही पूरी.

मैंने तो यह मानी थी, हमारी क्या नहीं एक दूसरे की ?.

अपनी कच्ची सी ही थी तो दीवार, वह तो थी ही ढहने की.

कुछ कभी प्रश्न उछले, नीचे बहती कोई धारा न थी.

कठोर सा तल था, गिरे तो उसे टूटनी ही थी.

वैसे , कहानी मेरी रही ही थी तो बढ .

और उसे मैं ही तो रहा था पढ़.

पात्र दूसरा था संकेत में, कोई ले ना उसे जान?

औरों को तो छोड़ो, क्या इसीलिए वह भी रह गया स्वयं से ही अनजान?

सपने कितने देखे थे, सोता फिर मैं कैसे?

तभी तो रात्रि मेरे , आते रहे थे दिन जैसे ?

प्रतीक्षा में व्यतीत ना हुई हो, ऐसी कोई अपनी रात्रि न थी.

ढूंढा कितना ,मेरे लिए कोई और दात्रि न थी?

कितने बंदनवार कहां-कहां नहीं मैंने टांगे?

की वही वही प्रतीक्षा , उघते -उघते भी रहे जागे ही जागे.

उन दिनों क्या उनका कहीं और हो रहा था प्रवास?

मैं भी सोचता रहता हूं अब ,तब मुझे इसका क्यों नहीं हुआ कभी आभास?

मौसम तो करते रहे थे अपना -अपना अभ्यास.

टिका में भी रहा था, लेता कभी धीमी और कभी गहरी श्वास

.

डोर कभी बांधी होती तो पड़ती गांठ.

अभी कुछ कही होती, तो होती वह मेरे लिए एक पाठ.

कुछ ने मुझे जल अर्पण करते था देखा.

कई लोगों ने कुछ दिनों तक अपने को इस राह पर भी था रखा.

और देखा भी ,उन्हें उन पेड़ों के पास निराई में व्यस्त.

बिना जाने मेरी मंशा, वे अपने में भी रहे होंगे आश्वस्त

उन की प्रतीक्षा रही थी कली और पुष्प तक.

मेरी चाहत चाहत ही रह गई, कभी देख मेरा दिल भी करे धक धक.

ना उनके बन पाए हम अपने , ना मैंने बनाया उन्हें पराया.

राह पर अभी भी हूं कर स्वीकार, रहने के लिए यहां राह ने मुझे क्या-क्या नहीं है सिखाया, पर कभी नहीं रिझाया?

36. विषयों की खोज

28-04-2022 सोररेल कर्णावती(अहमदाबाद)

कितने नए विषय, पता नहीं क्यों उन पर कुछ लिखा नहीं?

फिर भी रहता हूं ढूंढता, कुछ नया दिखे कहीं?

हूं कहता, पता नहीं कहां है छिपे?

जो भी मिले, उन्होंने मुझ पर है क्या-क्या नहीं थोपे?

लेकिन वे किनके ,कितने थे सत्य?

कहना था , बस वे रहे ,उनके केवल कथ्य.

किसी भी विधा में था वह.

यहां नहीं तो वहां मिलेगा, वेधा था कह कह.

उन्होंने रखी थी अनवरता.

हर बार यही कही, उन्हें इसका है ही पता.

और मैं ,जब भी चला उस राह.

पड़ा पड़ा देखा वहां सत्य रहा था कराह.

आधे रास्ते से क्यों मोड़ना अपने को?

जानना चाहता था उनके भीतर बसे हर सपने को.

उनके पास इतनी व्याख्याए ,आप जाएं डूब.

कितनी भी निकाले, कोई ना कोई गांठ रह जाती है धरा में,
और पनप -पनप आती ही है दूब?

मैंने उन्हें वही दिया छोड़.

करता आरंभ कोई उठापटक, राह मेरी छुटती, वे कहां
स्वीकार कर पाते कोई उन्हें दे उखाड़?

वे रहे वही छूटे.

व्यस्त रहेंगे , और नहीं वहां कोई, वे आपस में ही एक

दूसरे को तब कुटे .

चुल्हा कोई तब जले ना जले.

भूख तो वहां नहीं तब पले.

उनके भीतर जलती आग क्या-क्या नहीं रही पका?

कोई बैठ सुने उनका रहस्य, वे दे उसे केवल थका.

सिद्ध कर देंगे वे, नहीं कह रहे केवल कहने के लिए .

सूखी नदी में भी, दिखा देंगे, वह धारा है लिए .

रेत के ऊपर कभी बही थी धारा यह जरूर जाएगी दिख.

उनकी स्मृति में तो यह गई ही है लिख.

वैसे धीरे धीरे चलता जब मैं आया.

कल कल की ध्वनि मैं वहां उठती हुई है पाया.

यह एक सच्चाई, मैं नहीं हुआ अपने से रुष्ट.

जीवन जैसा मानता, विगत काल को जीता, मिल रहा है यह कष्ट.

दिल खोलकर तब मिला मैं हंसता.

कब नहीं ,भीतर का ही सत्य , मैं वाणी से हूं खोलता?

किसने क्या माना यह उनका संदर्भ, देता अर्थ?

मेरी वाणी कुछ भी नहीं कर रही उपस्थित यहां व्यर्थ.

नृत्य में डूबा, हो रहा मैं संगीतमय.

किस पल इसने नहीं दिया है मुझे अभय?

विषयों की वह सूचि पता नहीं अब कहां है बिछड़ गई?

यह भी सत्य, अब भी अपने को वह संदर्भ विहीन नहीं है कर पाई?

37. मैं अपने साथ

30-04-2022. सोररेल कर्णावती(अहमदाबाद)

कहां कुछ भी होती है काल्पनिक?

उसे ना काल का बंधन, ना ही कोई रुकावट आर्थिक.

वह उभर जाती ही है कहीं ना कहीं.

इस आयाम में नहीं , तो उस आयाम में वहीं?

आज नहीं तो कल, वह होती ही है प्रकट.

तब वह अपना इतिहास कह देती है झट.

नहीं कामना उसे किसी पुरस्कार की.

आकर्षित करती देती है कुंजी वह अपने द्वार की.

अब चाहे कोई करें या ना करें स्वीकार.

मिटती नहीं है, ना ही है यह रेत के ऊपर किया हस्ताक्षर ।

पहचान की यह द्वार कब नहीं रहती अपने को खोलें.

प्राकृतिक यही गुण, प्रकृति तो सदा यही है बोले.

श्रृंगार वह वही जो, कभी मन में था उपजा.

ऑडी तिर्यक वे मेरी रेखाएं, उनसे ही कभी उन्हें तो मैं रहा था सजा.

मैंने उनमें कौन से नहीं रंग भरे?

सौंदर्य की मेरी अपनी परिभाषा, वैसे ही करें.

दुख के आ आंसू छलके.

और सूख मे भी वे ऐसे ही बहके.

पता नहीं उन्होंने क्या, लेकिन मैंने हर बार कुछ अच्छा ही ढूंढा?

उपयोगिता छोड़, मैंने उन्हें बस पढ़ा.

रखा उसे ऐसा कोई राह में ना हारे.

यथार्थ यह भी, कोई कभी ऐसे में ना डरे.

पा मृदुल शब्द ही नहीं, आओ भाव भी वही उपजे.

पाना है तो क्यों नहीं उसे मंत्र सा भजे ?

कठिन से कठिन युद्ध यद्यपि सदा हम गए जीत.

फिर भी क्या हम बने नहीं सबके मीत?

सदा बचपन और यौवन ही रहा है हमारा खेलता.

तब हमारा कहां कुछ और ढलता?

क्या इसमें ही सदा बंधा मेरा जीवन?

जीवन जीवंत कभी हुआ नहीं ले औरों का तन या मन.

प्रहसन के कलाकार सा नहीं किसी को कभी देखा?

सत्य शिव सुंदर उसे ही मेरी लेखनी ने लिखा.

नहीं कह सकता ,सदा स्वयं को अलग ही रखा.

उनकी स्वतंत्रता ने भी खींची कोई रेखा.

कभी दंश को दंश सा किया नहीं उजागर.

प्रक्रिया का यह अंश ,अंग या द्वार ,लगा यही बराबर.

लेकिन तब भी नहीं ली कोई अपनी स्वतंत्रता.

शब्दों का चुनाव अपवाद रहे, यह मुझे हमेशा रहा पता.

अपनों को तो बार-बार घेरा.

दूसरों के लिए लेकिन इसका लिया नहीं कभी सहारा.

कह सकता हूं, मैं सत्य पर सदा रहा अडिग.

निर्माण तो यही करेगा ,मेरा भी और औरों का भी, यह सत्य
सदा ही मेरे से रहा, आ जुड़ा.

38. उनसे वार्ता

कहां कह पाया आज तक, जो कभी सोचा था है कहना?

और उसे ही हर पल रहता हूं जीता कि जैसे बस उसे ही लिया ओढ़ या हो पहना .

कहने के मिले कितने अवसर ,लेकिन तब मैं अकेला न था?

कह लेता तब भी क्या होना यह झमेला न था?

ना ही कोई कभी चित्र बनाया, और न कोई कविता लिखी.

जो भी है ,उसे अब तक ,मैंने सहेज कर, अपने भीतर ही है रखी.

धड़कने कब नहीं रहती मेरे पास उसकी?

[1] कहते ही क्या वे नहीं जाते खो, होती वह तब जीवनी किसकी?

मिले भी वे जब कभी.

कभी शब्द अटके, कभी भाव भटके तभी.

नहीं ढूंढा कभी उनसा.

दूसरे से मिल जाना क्या नहीं होती मेरी हिंसा?

ऐसे तो मैं सोचता हूं, बच- बच कर मैं हूं चला आया.

नहीं रहा झूठला मैं स्वयं को ,अपना पता भी तो किसी को कहां है बताया?

सांसो में मेरे बसे हैं वे हर शब्द और वाक्य.

जी रहा मैं ,यही है मेरे लिए अपना साक्ष्य.

धीरे-धीरे स्वयं को मौन हूं करने लगा.

जानता यह ऐसे ही सदा रहेगा मुझ में जगा.

वार्ता करता तो वार्ता होती.

भावनाएं क्या तब, अब तक रहती मुझे जकड़ती?

मैंने कब नहीं उन्हें पुकारा ,जब भी मैं अकेला मिला?

मैं और मैं तब हो जाते थे दो, मैं ही तब अपने से ही टला.

उत्तरों को उनके भी है मैंने लिख रखा.

सत्य यह भी ,उन्होंने उसे कहां है देखा?

वैसे तो, मैं स्वयं से ही वार्ता रहता हूं करता.

कभी-कभी उत्तर उनका मान यह वह, स्वयं से झगड भी हूं पड़ता.

और फिर कितनी शर्तों के साथ स्वयं से ही समझौता भी करने हूं लगता.

और यह युद्ध, जीवित है रहता.

हम अपने को लहूलुहान तो नहीं करते.

भावनाओं से चीर फाड़ होते, अवश्य अपने को है देखते.

भगवान ने क्या क्या नहीं है लिख रखा?

बस उन्हें पा,कब मैंने उन्हें अपने लिए है रखा?

बांधी है कितनी गांठे, अब भूल गया किस पर था क्या?

खोलूं क्या पता नहीं ,तभी क्या वहां उपजती नहीं कोई दया?

एक परिवर्तन अब लिया कर ,अब ना उत्तर की आशा हूं रखता , ना गांठ ही हूं बांधता.

कर लिया है स्वीकार ,वह मेरा होता -होता क्यों है अब रुकता?

प्रार्थना में हूं और बस प्रार्थना में ही यह हूं रखता.

कहता जो मेरे लिए श्रेष्ठ , वही तू जा करता.

फिर मैंने एक दिन वे सारी गांठे दी खोल.

अब मेरे पास केवल स्वयं को स्वतंत्र करने का ही है अब बोल.